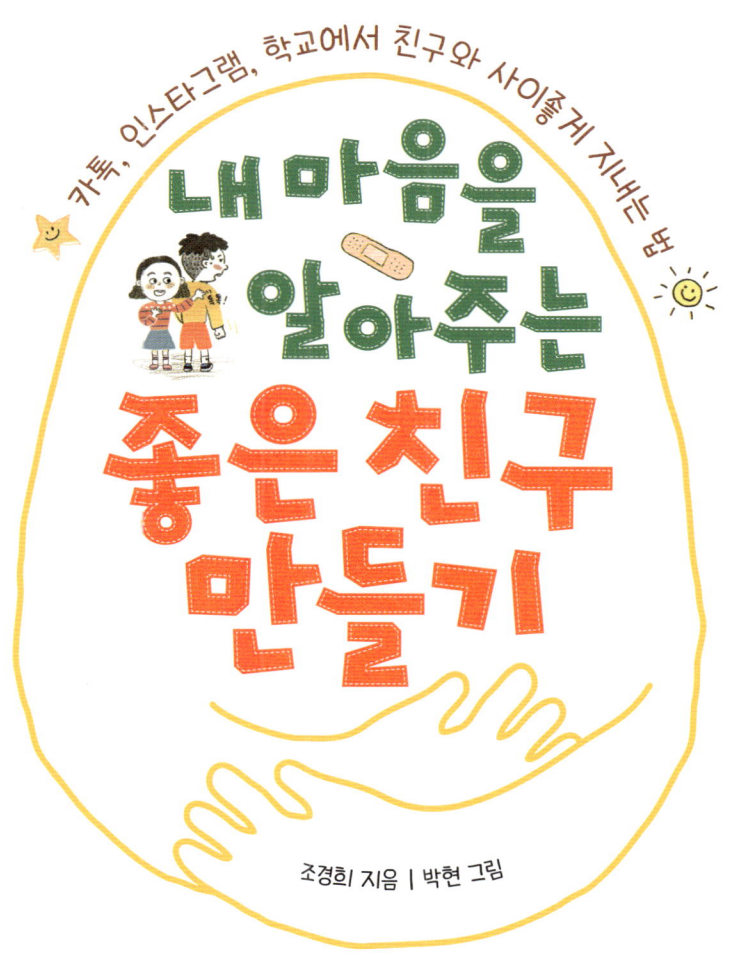

카톡, 인스타그램, 학교에서 친구와 사이좋게 지내는 법

내 마음을 알아주는 좋은 친구 만들기

조경희 지음 | 박현 그림

바이킹

이 책을 읽는 여러분께

친구는 정말 좋아요!

아침에 눈이 번쩍 떠지는 비법, 좋아하지 않는 음식도 맛있게 먹는 비법, 펑펑 울고 있다가도 팝콘처럼 웃음꽃을 팡팡 터트릴 수 있는 비법이 있어요. 그 비법은 바로 '친구'예요. 친구는 늦잠꾸러기와 편식쟁이를 변하게 만들고, 눈물을 웃음으로 바꾸는 마법사 같지요. '친구 효과'를 경험해 본 사람은 지금쯤 고개를 끄덕이고 있을 거예요.

인터넷이 발달하면서 친구를 사귀는 방법도 점점 다양해지고 있어요. 시간을 들여서 어디에 가지 않더라도 온라인을 활용하면 다른 학교, 다른 지역, 세계 여러 나라 친구들을 폭넓게 사귈 수 있지요. 직접 얼굴을 보지 않더라도 온라인으로 대화를 나누면서 공통점을 찾고 마음이 가까워져 금세 친구가 된답니다. 한편으로는 누가 친구가 더 많은지 경쟁하는 사람도 많아요. 친구가 많을수록 인기가 많다고 생각하기 때문이지요. 친구가 많은 게 좋은 것일까요?

친구는 숫자로 나타내는 경쟁의 대상이 아니에요. 아무리 많은 친구가 있더라도 좋은 일이 생기면 자기 일처럼 함께 기뻐해 주고, 힘이 들 때 내 곁에 있어 주는 단 한 명의 친구만 못하지요. 언제 어디에서나 누가 뭐라고 해도 나를 끝까지 믿어 주며 응원하는 친구가 있다는 건 정말 멋진 일이랍니다.

내 마음을 알아주는 좋은 친구를 만들고 싶은데 어떻게 다가가야 할지 모르겠다고요? 좋은 친구는 어느 날 갑자기 하늘에서 '툭!' 떨어지지 않아요. 우

  연히 만나서 함께 기쁨과 슬픔, 걱정을 나누다 보면 눈만 마주쳐도 자연스레 서로의 마음을 척척 알아차리게 되지요. 내 마음을 잘 알아주는 좋은 친구를 만들고 싶다면, 내가 먼저 친구의 마음을 잘 알아주어야 해요. 이기적인 말과 행동으로 자기만 생각한다면 절대 친구를 '내 편'으로 만들 수 없어요.

  자전거나 킥보드를 처음 배울 때처럼 서로 마음을 나눌 수 있는 좋은 친구를 만드는 데에도 기술과 비법이 있어요. 넘어지고 다치더라도 계속 연습을 하다 보면 어느 순간 좋은 관계를 맺을 수 있게 되지요. 마음을 주고받는 친구와 오래 사이좋게 지내는 기술과 비법에 대해 좀 더 알고 싶다면 이 책을 펼쳐 보세요.

여러분의 좋은 친구가 되고 싶은

조경희

- 이 책을 읽는 여러분께   2
- 친구란 무엇일까요?   8
- 어떤 친구가 되고 싶나요?   10

친구를 사귀는 법

1. 새 학년 첫 날, 친구에게 어떻게 다가갈까요?   14
2. 전학 첫 날, 친구들과 어떻게 어울릴까요?   16
3. 카카오톡으로 친구를 어떻게 사귈까요?   18
4. 표현에 서투른 친구는 어떻게 대할까요?   20
5. 친구가 실수했을 때 어떻게 도와줘야 할까요?   22
6. 외모가 마음에 안 들어도 친구가 될 수 있을까요?   24
7. 친해지고 싶은 친구에게 어떻게 다가갈까요?   26
8. 친구를 칭찬하는 게 왜 중요할까요?   28
9. 음식을 나누어 먹으면 친해질 수 있다고요?   30
10. 친구에게 어떤 도움을 줄 수 있을까요?   32
11. 친구와 장난칠 때 어떤 점을 주의해야 할까요?   34
12. 친구에게 어떻게 조언을 해 줘야 할까요?   36
13. 어떤 상황에 친구에게 양보해야 할까요?   38
14. 친구와 의견이 다를 때 어떻게 해야 할까요?   40
15. 친구에게 어떤 위로를 건네면 좋을까요?   42
16. 친구와의 약속을 꼭 지켜야 할까요?   44
17. 친구가 많아지려면 어떤 말을 해야 할까요?   46
18. 차별하면 좋은 친구를 사귈 수 없다고요?   48

- 되돌아보기   50
- 마음 정리하기   51

친구와 관계를 유지하는 법

❶ 친구에게 지키지 못할 약속을 한 적 있나요?	56
❷ 단짝 친구는 나랑만 친하게 지내야 할까요?	58
❸ 친구의 성격을 내 마음에 맞게 바꾼다고요?	60
❹ 친구의 말을 끊고 끼어든 적 있나요?	62
❺ 약속 시간을 지키는 게 왜 중요할까요?	64
❻ 단정한 옷차림이 중요하다고요?	66
❼ 외모로 놀림받는 친구의 마음은 어떨까요?	68
❽ 폭력에는 어떻게 대처해야 할까요?	70
❾ 친구가 고자질하는 이유는 무엇일까요?	72
❿ 괴롭힘당하는 친구를 어떻게 도와줄까요?	74
⑪ 친구의 부탁을 꼭 다 들어줘야 할까요?	76
⑫ 친구의 기분이 좋아지는 말은 무엇일까요?	78
⑬ 친구의 의견을 존중해야 한다고요?	80
⑭ 친구에게 내 입장을 잘 설명하려면 어떻게 해야 할까요?	82
⑮ 무조건 친구의 의견을 따라야 할까요?	84
⑯ 친구와 취향이 꼭 같아야 할까요?	86
⑰ 무심코 뱉은 말 때문에 친구가 상처받는다고요?	88
⑱ 인기 많은 친구처럼 되려면 어떻게 해야 할까요?	90
⑲ 친구에게 화풀이를 한 적 있나요?	92
♥ 되돌아보기	94
♥ 마음 정리하기	95

친구와의 문제를 해결하는 법

- ❶ 친구와 오해가 생겼을 때 어떻게 풀까요? ... 100
- ❷ 친구에게 욕을 하는 게 왜 나쁜 걸까요? ... 102
- ❸ 친구에게 함부로 장난을 치면 안 된다고요? ... 104
- ❹ 잘난 척하면 친구들이 좋아할까요? ... 106
- ❺ 힘을 쓰거나 협박을 해서 친구를 사귈 수 있을까요? ... 108
- ❻ 뒷담화를 하는 친구에게 무조건 맞장구쳐야 할까요? ... 110
- ❼ 친구와 어떻게 인사하면 좋을까요? ... 112
- ❽ 친구에게 질투가 난다면 어떻게 해야 할까요? ... 114
- ❾ 친구가 화를 낼 때 어떻게 대처해야 할까요? ... 116
- ❿ 친구에게 화가 날 때 어떻게 표현할까요? ... 118
- ⓫ 순간의 실수로 친구의 물건을 훔쳤다면 어떻게 할까요? ... 120
- ⓬ 잘못을 저지른 친구에게 어떤 말을 건넬까요? ... 122
- ⓭ 친구와 싸우고 나서 어떻게 화해할까요? ... 124
- ⓮ 친구와 오해가 생겼을 때 어떻게 풀까요? ... 126
- ⓯ 단체 채팅방에서 뒷담화를 나누어도 괜찮을까요? ... 128
- ⓰ 온라인의 따돌림도 진짜 따돌림과 같다고요? ... 130
- ⓱ 게임에 빠지면 소중한 친구를 잃을 수 있다고요? ... 132
- ♥ 되돌아보기 ... 134
- ♥ 마음 정리하기 ... 135

온라인 속 친구 대하는 법

1. 카톡 오픈 채팅방은 무엇일까요? — 140
2. 오픈 채팅방은 어떻게 만들까요? — 142
3. 카톡 할 때 무엇을 주의해야 할까요? — 144
4. 댓글이나 채팅으로 언어폭력을 할 수 있다고요? — 146
5. 온라인에서 사귄 친구를 만날 때 왜 조심해야 할까요? — 148
6. 인스타그램에서 어떻게 말을 걸까요? — 150
7. 카톡을 올바르게 이용하는 방법은 무엇일까요? — 152
8. 인스타그램 속 친구의 모습이 모두 진짜일까요? — 154
9. 온라인 속 친구의 모습을 그대로 인정하면 어떨까요? — 156
10. 인스타그램 속 모습을 꾸며 내면 행복할까요? — 158
11. 인스타그램 속 친구와 나를 비교해 본 적 있나요? — 160
12. 온라인에서 진짜 나를 좋아하는 친구를 찾아볼까요? — 162
13. 카톡이나 인스타그램에 빠져 중요한 일을 놓친 적 있나요? — 164
14. 카톡으로 사진을 보낼 때 어떤 점을 조심해야 할까요? — 166
15. 친구에게 개인 정보를 알려 줘도 괜찮을까요? — 168
16. 온라인 속 친구에게 비밀을 쉽게 털어놔도 괜찮을까요? — 170
17. 컴퓨터 게임에 너무 빠져 있으면 왜 위험할까요? — 172

- ♥ 되돌아보기 — 174
- ♥ 마음 정리하기 — 175

친구란 무엇일까요?

친구란 단어는 '친할 친親', '옛 구舊'라는 한자로 이루어져 있어요. 가깝게 오래 사귄 사람이 친구라는 뜻이에요. 물론 무조건 오래 알고 지내야만 친구가 되는 건 아니지요. 만난 지 오래되지 않았더라도 누구보다 가까운 사이가 될 수도 있으니까요.

서로 마음이 맞고 좋은 일에 함께 기뻐하고 슬픈 일에 함께 아파하다 보면 누구나 친구가 될 수 있어요. 친구끼리 외모나 나이는 전혀 중요하지 않아요.

여러분이 생각하는 친구는 어떤 모습인가요? 오른쪽 글을 읽어 보고 나에게 해당하는 내용이라면 빈칸에 표시해 보세요.

> 내가 생각하는
> 친구의 모습은….

- 친구는 무조건 내 말이 다 맞다고 해 줘야 해요. ☐
- 친구는 나랑만 친해야 해요. ☐
- 친구는 나와 모든 비밀을 공유해야 해요. ☐
- 친구는 나와 입맛과 취향이 모두 같아야 해요. ☐
- 친구는 어떤 장난을 쳐도 이해해야 해요. ☐
- 친구 사이에는 약속 시간을 안 지켜도 괜찮아요. ☐
- 친구의 부탁은 아무리 곤란해도 들어줘야 해요. ☐
- 친구의 물건은 마음껏 써도 좋아요. ☐
- 친구를 위해서 나쁜 일이라도 할 수 있어요. ☐
- 친구라면 나랑 성격이 똑같아야 해요. ☐

하나라도 빈칸에 표시했다면 이 책을 읽으면서
친구의 의미를 다시 생각해 보는 시간을 가져 보세요.

어떤 친구가 되고 싶나요?

　내 마음을 잘 알아주는 좋은 친구를 만들고 싶다면 무엇부터 해야 할까요? 바로 여러분이 먼저 좋은 친구가 되는 게 첫 번째랍니다. 여러분이 생각하는 좋은 친구의 모습을 떠올려 봐요.
　외모가 잘 나거나 공부를 잘해야지 좋은 친구일까요? 곤란한 상황에 빠지거나 어려운 일을 겪을 때 나서서 도와주고, 이야기를 귀담아 들어 주는 친구가 진짜 좋은 친구가 아닐까요? 여러분은 주위 친구들에게 어떤 친구인지 먼저 생각해 보세요.

　오른쪽 빈칸을 채우며, 친구들에게도 내가 좋은 친구인지 되돌아봅시다.

나는 어떤 친구일까?

친구가 곤란한 상황에 빠진다면 나는   .

친구에게 좋은 일이 생겼을 때 나는   .

친구와 의견이 다를 때 나는   .

친구가 다른 친구랑 즐겁게 얘기할 때 나는   .

친구가 의심되는 순간이 생겼을 때 나는   .

친구가 나쁜 행동을 하려고 할 때 나는   .

친구가 다른 친구랑 싸운다면 나는   .

친구가 무리한 부탁을 한다면 나는   .

친구가 먼 곳으로 이사를 간다면 나는   .

친구가 나를 오해하고 있다면 나는   .

새 학년 첫날에 친해지고 싶은 친구를 만났어요.
어떻게 행동해야 할까요?
먼저 손을 내밀고, 가까이 다가가는 법을 알아볼까요?

내가 먼저 좋은 친구가 되려고 한다면,
좋은 친구를 사귈 수 있답니다.

친구를 사귀는 법

새 학년 첫날, 친구에게 어떻게 다가갈까요?

새 학년 첫날, 교실 문을 여는 송이의 얼굴은 잔뜩 먹구름이 낀 것처럼 어두웠어요. 작년에 같은 반에서 친하게 지내던 친구들과 뿔뿔이 흩어졌기 때문이지요. 눈으로 교실을 한 바퀴 빙 둘러보자 낯선 아이들이 가득했어요. 삼삼오오 짝을 지어 재잘거리는 아이들의 웃음소리로 교실 안은 시끌벅적했어요. 송이는 혼자만 외톨이가 될까 봐 걱정이 되었어요. 옆자리에 앉은 아이와 친해지고 싶은데 어떻게 다가가야 할지 망설여졌지요. 그때 옆자리에 앉은 아이가 먼저 말을 걸어왔어요.

"안녕, 나는 윤슬기야. 네 이름은 뭐야?"

"나는 한송이야."

슬기가 또 말을 걸었어요.

"만나서 반가워. 오늘 학교 오면서 너무 춥지 않았니?"

"맞아, 3월인데도 추워서 놀랐어."

송이의 얼굴에서 서서히 먹구름이 걷히면서 마음까지 환해졌어요.

이렇게 해 보요!

소심하고 내성적인 성격이라면 처음 본 사람에게 먼저 다가가기가 쉽지 않아요. 친구를 만들고 싶지만 '거절당하면 어쩌지?', '나를 마음에 들어 하지 않으면 어쩌지?', '이미 단짝이 있으면 어쩌지?' 하는 걱정이 앞서 말을 걸기가 어렵지요.

상대방도 같은 마음일 수 있어요. 송이처럼 누군가 자신에게 다가와 먼저 말을 걸어 주기를 기다리고 있을지 모른답니다. '용기 있는 사람만이 사랑하는 사람을 얻을 수 있다.'라는 말이 있어요. 우정도 마찬가지예요. 용기 있는 사람만이 좋은 친구를 얻을 수 있답니다. 남이 먼저 나에게 다가오기만을 기다리지 말고, 슬기처럼 밝은 표정으로 "안녕!" 하고 인사를 건네 보세요. 우물쭈물하다가 친구와 친해질 기회를 놓칠 수도 있어요. 용기를 내 보아요!

새 학년 첫날에는 어떻게 말을 걸까요?

날씨뿐만 아니라 좋아하는 음식, 음악 등 함께 얘기할 만한 이야기를 꺼내 보세요. 어떤 공통점을 가진 친구와 공통점이 있다면 이야기를 이어 나가기 쉬워요. 어떤 친구를 사귀면 좋을지 고민해 보면서 질문 거리가 있을지 떠올려 볼까요?

- 나는 떡볶이를 좋아해. 넌 어떤 음식을 좋아하니?
- 요즘 어떤 음악을 주로 들어?

전학 첫날, 친구들과 어떻게 어울릴까요?

"단짝 친구들과 헤어지기 싫단 말이에요!"

은결이는 전학을 가야 한다는 부모님의 말에 결사반대했어요.

"할아버지 몸이 편찮으셔서 우리 가족이 돌봐 드려야 한단다."

할머니가 돌아가신 뒤, 몸이 편찮으신 할아버지를 돌봐야 했기 때문에 전학을 할 수밖에 없었어요. 새로운 학교로 전학 간 첫날, 반 아이들은 벌써 마음이 맞는 친구끼리 단짝이 되어 있었어요. 은결이가 끼어들 틈은 없어 보였지요. 굳은 표정의 은결이에게 아이들은 쉽사리 말을 걸지 못하는 눈치였어요. 결국, 은결이는 쉬는 시간을 혼자 보냈어요. 점심시간이 다가오자 은결이는 초조해지기 시작했어요.

'벌써 점심시간이네. 뭘 하면서 시간을 보내지….'

은결이는 친구들에게 먼저 말을 걸고 싶은 마음을 감추고 굳은 표정으로 문제집만 풀었어요.

이렇게 해 보요!

은결이는 새로운 아이들과 친해지고 싶은 마음이 가득할 거예요. 그런데 온종일 아이들과 눈도 마주치지 않고 굳은 표정으로 문제집만 풀고 있지요. 마치 '나는 너희들과 어울리는 것보다 공부가 더 좋아!'라고 말하는 듯 보입니다. 멀찍이 떨어져서 문제집만 풀고 있는 은결이의 모습을 보고 친구들은 이렇게 생각할지도 모릅니다.

'저 아이는 공부를 좋아하나 봐. 우리한테는 눈길도 주지 않잖아. 우리와 놀고 싶지 않은가 봐.'

새로운 친구를 사귀고 싶다면 망설이지 말고 먼저 다가가 보세요. 거절당할까 봐 걱정되고 쑥스럽겠지만 먼저 말을 거는 것을 싫어하는 친구는 없을 거예요. 말을 붙이기가 어렵다면, 눈을 마주치며 웃어 보세요. 웃는 얼굴만으로도 주변 사람들은 친해지고 싶다 생각할 수 있답니다.

전학 첫날에는 어떻게 인사하면 좋을까요?

이미 끼리끼리 친해진 친구들 사이에 끼어드는 것이 힘겹게 느껴질 수도 있어요. 좋아하는 이야기를 먼저 꺼내고 친구들을 모아 보는 건 어떨까요?

- 나는 파충류 유튜버를 좋아해, 관심 있다면 말해 줘!
- 맛있는 간식을 가져왔는데 같이 먹을래?

카카오톡으로 친구를 어떻게 사귈까요?

일요일 아침부터 비가 주룩주룩 내렸어요. 동주는 좋아하는 야구를 못하게 되어 속상했어요. 온종일 집 안에 갇혀 있을 생각을 하니 갑갑했어요. 함께 야구 이야기를 주고받을 친구라도 있으면 좋겠는데 반 친구들은 야구에는 관심이 없어 보였지요. 침대 위에서 뒹굴던 동주는 카카오톡 오픈 채팅방 검색 창에 '야구'라고 적었어요. 그랬더니 야구를 좋아하는 아이들이 만들어 놓은 채팅방이 여러 개 있었어요. 그중 가장 마음에 드는 채팅방을 클릭해서 들어갔어요.

채팅방에는 많은 아이들이 와글와글 모여서 야구와 관련된 이야기꽃을 피우고 있었어요. 동주는 채팅방 분위기를 익히기 위해 대화를 쭉 읽어 보았어요. 그러다 같은 선수를 좋아하는 아이를 발견했어요. 왠지 마음이 잘 통할 것 같았어요. 동주는 그 아이와 친해지고 싶었어요.

'어떻게 하면 친해질 수 있을까?'

동주의 머릿속이 물음표로 가득 찼어요.

이렇게 해 보요!

　얼굴도 모르는 낯선 아이에게 어떻게 말을 건네야 할까요? 온라인 속 친구를 사귀려면 어떤 이야기를 주고받아야 할까요? 관심 있는 아이가 채팅방에서 말을 할 때 답을 잘하며 대화를 이어 나가는 건 어떨까요? 대화하는 동안 상대방의 생각이나 성격, 관심사 등을 자세히 알 수 있기 때문이지요. 많은 사람 중에 특별히 친해졌다는 느낌이 들지도 몰라요.

　너무 조급해하지 말고 상대방을 배려하면서 자연스럽게 대화를 이어가 보세요. 온라인에서도 현실과 마찬가지로 관계를 유지하기 위해서는 꾸준히 소통해야 합니다. 현실에서 대화할 때 친구가 집중해 주면 더 신나게 말할 수 있듯이, 채팅방에서 대화할 때는 되도록 빠르게 대답하는 것이 좋아요. 하루, 이틀, 사흘…. 너무 오랫동안 기다리게 하면 친구가 채팅방을 나가 버릴 수도 있어요.

카카오톡에서 처음 보는 친구에게 말 걸어 본 적 있나요?

온라인에서 친구를 사귄 경험을 떠올려 보세요. 아직 마음이 맞는 친구를 못 만났다면 새로운 주제의 오픈 채팅방을 찾아보는 건 어떨까요?

- 내가 좋아하는 아이돌 가수를 같이 좋아하는 친구를 만나고 싶어.
- 온라인에서는 표정이 보이지 않으니 말을 더 신경 써서 해야겠어.

표현에 서투른 친구는 어떻게 대할까요?

보라는 학교에서 주최한 1박 2일 캠프에 참가했어요. 저녁을 먹고 잠자리에 들기 전까지 자유 시간이 주어졌어요. 마음이 맞는 친구들끼리 같은 방에 모여 시간 가는 줄 모르고 게임도 하고, 이야기도 나누었어요.

"쾅! 쾅! 쾅!"

갑자기 방문을 두드리는 소리가 났어요. 깜짝 놀라 문을 열었더니 하은이가 잔뜩 화가 난 표정으로 서 있었어요.

"떠드는 소리 때문에 시끄러워서 잠을 잘 수가 없잖아!"

"미안, 조용히 할게."

보라는 사과한 뒤 시끄러운 소리가 방 밖으로 새어 나가지 않도록 친구들과 이불 속에서 소곤소곤 속삭였어요. 너무 재미있어서 쿡쿡 웃음이 났어요. 그런데 하은이가 더 세게 방문을 "쾅, 쾅, 쾅!" 두드리면서 화를 냈어요.

"조용히 해! 계속 떠들면 선생님한테 이를 거야!"

보라와 친구들은 하은이가 몹시 못마땅했어요.

이렇게 해 봐요!

하은이는 왜 자꾸 친구들이 모여 있는 방문을 두드리면서 화를 낼까요? 사실 속으로는 '나도 너희들과 함께 놀고 싶어.', '나도 좀 끼워줘.' 하는 마음을 가지고 있을지도 몰라요. 참기 힘들 만큼 시끄러워서가 아니라 함께 놀고 싶은데 끼워 주지 않으니 심술이 난 것이지요.

반대로 하은이의 입장이라면 어떻게 해야 할까요? 진짜 마음을 숨기고 화만 내면, 원하는 걸 얻을 수 없겠지요. 그렇다면 하은이의 상황에서 원하는 것을 얻기 위해 어떻게 표현해야 할까요?

"똑똑똑."

먼저 노크를 한 다음 "나도 너희랑 같이 놀고 싶은데, 방 안으로 들어가도 될까?"라고 솔직하게 표현해 보세요. 좋은 친구들이라면 하은이의 마음을 알아차리고 "우리 같이 놀자."라고 말하면서 손을 잡아끌 거예요.

어울리지 못하는 친구에게 먼저 다가가면 어떨까요?

학교나 학원에서 혼자 있는 친구에게 먼저 다가가 본 적 있나요? 보기에 퉁명스러워 보여도 막상 함께 이야기하고 놀다 보면 좋은 친구가 될 수 있어요!

- 집에서 그림 도구를 챙겨 왔는데 같이 그림 그리지 않을래?
- 점심시간에 친구들과 축구 하기로 했는데, 같이 할래?

친구가 실수했을 때 어떻게 도와줘야 할까요?

"우당탕!"

꽃에 물을 주다가 하늘이가 실수로 화분을 넘어뜨렸어요. 안에 담겨 있던 흙이 쏟아져 교실 바닥이 흙투성이로 변했어요. 화분에 곱게 심은 꽃들도 여기저기 흩어졌지요.

"너는 왜 그렇게 덜렁거리니!"

찬희가 핀잔을 주었어요. 매운 떡볶이 국물을 뒤집어쓴 것처럼 하늘이의 얼굴이 빨갛게 달아오르면서 두 눈에 눈물이 가득 차올랐어요. 그때였어요.

"어디 다친 곳은 없니?"

푸름이가 달려오면서 물었어요. 하늘이는 창피한 마음에 말도 제대로 못하고, 겨우 고개만 끄덕였어요.

"괜찮아, 실수할 수도 있지. 다행히 화분은 깨지지 않았으니까 다시 쓸어 담으면 될 것 같아. 내가 도와줄게. 같이 치우자."

푸름이가 도와준 덕분에 교실이 원래대로 깨끗해졌어요.

이렇게 해 봐요!

　세상에 완벽한 사람은 없어요. 어른도 가끔 실수하곤 하지요. 실수했을 때 핀잔과 야유를 보내는 대신 푸름이처럼 냉큼 나서서 도와준다면 누구라도 고마워 할 거예요. 어려움에 빠진 친구가 있다면, 어떻게 도와주면 좋을지 생각해 보세요.

　친구와 서로 어려운 일을 함께 해결하다 보면 쉽게 친해질 수 있지요. 친구가 곤란한 상황에 빠졌을 때는 "무슨 일이야? 내가 도와줄까?" 하고 먼저 도움의 손길을 내밀어요. 힘들 때 도움을 주는 친구가 진정한 친구라는 사실을 잊지 마세요.

　반대로 도움이 필요할 때는 주저하지 말고 친구에게 도움을 요청해 보세요. 도움이 필요할 때 다른 사람에게 도움을 청하는 것은 자신이 부족해서도 아니고 부끄러운 일도 아니라는 사실도 함께 기억해 주기 바라요.

친구가 실수했을 때 어떻게 손을 내밀면 좋을까요?

실수를 저지른 친구에게 먼저 도움의 손길을 내민 적 있나요? 어떻게 도와줘야 친구가 창피해하지 않을까요?

- 나도 비슷한 실수를 한 적이 있어.
- 오히려 실수한 경험으로 중요한 걸 배울 수 있대.

외모가 마음에 안 들어도 친구가 될 수 있을까요?

자리를 바꾸는 날, 슬기는 동주와 짝이 되었어요. 동주는 엉덩이를 들썩들썩 한시도 얌전히 앉아 있지 못했어요. 손톱 밑에 낀 때, 기차가 터널을 빠져나오듯이 콧구멍을 바쁘게 들락거리는 콧물, 곰처럼 커다란 덩치에 목소리까지 커서 말을 할 때마다 귀청이 떨어져 나갈 것 같았어요. 어느 하나 마음에 드는 부분이 없었지요.

"아휴!"

한 달 동안 동주 옆자리에 앉아 지낼 생각을 하니 저절로 한숨이 새어 나왔어요. 점심시간이 되었어요. 슬기는 친구들과 철봉에서 오래 매달리기를 하며 놀기로 했어요. 한 명씩 매달리다가 슬기 차례가 되었어요.

"아얏!"

슬기의 손이 미끄러져 철봉에서 떨어지고 말았어요. 엉덩이에 불이 붙은 것처럼 아프고, 발목이 삐끗한 것 같았지요. 슬기는 옴짝달싹 못 하고 땅바닥에 주저앉아 울음을 터트렸어요. 그 모습을 본 아이들은 어쩔 줄 몰라 하고 있었어요. 동주만 빼고요.

"얼른 내 등에 업혀!"

동주가 슬기를 둘러업고 보건실을 향해 뛰기 시작했어요.

이렇게 해 보요!

살다 보면 나와 외모, 성격, 행동, 말투가 다른 사람을 만날 때가 있어요. 너무 달라서 친구가 될 수 없을 것 같다는 생각이 들기도 해요. 겉모습만 보고 멀리하지는 말아요. 사람은 직접 겪어 보지 않으면 잘 알 수 없기 때문이지요. 겪어 보지도 않은 사람을 자신과 맞지 않을 거라고 미리 입장을 정하고 대하는 건 좋지 않아요. 나와 다를 뿐, 상대방이 나쁘고 잘못된 것은 아니기 때문이지요.

"외모가 마음에 안 들게 생겼어!", "지저분한 애는 질색이야!", "말 많은 애랑은 같이 다니기 싫어!"

자신만의 잣대로 상대방을 평가하는 사람은 좋은 친구를 사귈 수 없어요. 나와 성향이 달라도 얼마든지 친한 친구가 될 수 있어요. 오히려 나와 다르면 멋지고 근사한 경험을 할 수 있답니다. 겉으로만 사람을 판단하면 좋은 친구를 놓칠 수도 있으니 누구든 편견 없이 대하기 바라요.

겉모습이 마음에 들지 않았지만 사귀고 나니 좋아진 친구가 있나요?

겉모습이 마음에 들지 않으면 멀리해야 할까요? 대화를 해 보는 건 어떨까요? 알고 보면 마음이 딱 맞는 좋은 친구일 수도 있어요.

- 아토피가 심해서 여름에도 긴 옷을 입고 다녔구나.
- 비염이 심해서 평소에 휴지로 코를 많이 풀었구나. 힘들었겠다.

친해지고 싶은 친구에게 어떻게 다가갈까요?

하은는 보석이를 처음 본 순간 마음에 쏙 들었어요.

'어떻게 하면 보석이와 친해질 수 있을까?'

요리조리 궁리를 해 보았지만, 뾰족한 방법이 떠오르지 않았어요. 하은이는 보석이가 축구 하는 모습, 밥을 먹는 모습, 친구들과 장난을 치는 모습만 봐도 기분이 좋아져서 매일 지켜보기만 했어요. 그러던 어느 날 보석이와 눈이 마주치고 말았어요. 당황한 나머지 빙그레 웃고 말았지요. 그러자 보석이도 하은이를 향해 웃어 주었어요. 하은이는 생각했어요.

'보석이도 나랑 친해지고 싶은가 봐.'

하은이는 용기를 내어 보석이에게 말을 걸었어요.

"저기, 점심 같이 먹을래?"

"그래, 좋아."

보석이가 흔쾌히 승낙했어요. 보석이와 함께 먹는 점심은 꿀맛이었어요.

이렇게 해 보요!

친하게 지내고 싶은 친구가 있는데 말을 붙이기가 어렵다면, 하은이처럼 친구와 눈이 마주칠 때 빙그레 웃어 주세요. 밝은 미소는 보는 사람을 기분 좋게 만들고, 상대방에게 좋은 인상을 심어 주지요. 말로 하지 않더라도 친하게 지내고 싶은 마음까지 전달해 준답니다. '나는 네가 마음에 들어. 너랑 친구 하고 싶어.'라고요.

밝은 미소로 상대방의 마음의 문을 두드려 보세요. 마치 기다렸다는 듯이 상대방도 마음의 문을 활짝 열고 반겨 줄 거예요. 어느 날 갑자기 마음에 쏙 드는 친구가 '짠!' 하고 나타날지 모릅니다. 웃으면 복이 온다는 말처럼 말이예요. 그러니 항상 밝게 웃기를 바라요.

친해지고 싶은 친구에게 어떻게 다가가는 게 좋을까요?

첫눈에 친해지고 싶다고 생각한 친구가 있나요? 어떻게 다가가는 게 좋을까요? 거절당할까 봐 걱정하지 말고 먼저 용기 내어 다가가는 게 중요해요.

- 집 가는 방향이 어느 쪽이야? 오늘 집에 같이 갈까?
- 수학 학원을 알아보고 있는데, 소개해 줄 수 있니?

친구를 칭찬하는 게 왜 중요할까요?

푸름이는 보라와 처음으로 짝이 되었어요. 개학한 지 오래되지 않아 보라와 말을 주고받은 적이 없기 때문에 어색했어요. 그런데 보라가 푸름이의 공책을 들여다보면서 말했어요.

"너는 글씨를 반듯하게 잘 쓰는구나."

칭찬을 들은 푸름이는 기분이 좋아져 빙그레 웃었어요.

"고마워, 네 글씨는 동글동글 귀엽고 예쁘다."

푸름이도 보라의 글씨체를 칭찬해 주었어요. 푸름이의 칭찬에 보라의 두 볼이 빨갛게 물들었지요. 푸름이의 마음에는 어색함이 사라지고 또 무슨 말을 할까 기분 좋은 고민만 가득 찼어요.

이렇게 해 봐요!

　사람은 누구나 칭찬받기를 좋아하지요. 칭찬을 듣고 기분 나빠하는 사람은 없을 거예요. 최근에 다른 사람을 칭찬해 본 적 있나요? 남을 칭찬하는 데 인색하지는 않나요? 친구의 좋은 점을 발견했다면 솔직하게 표현해 주세요.

　칭찬을 받으면 몸에 좋은 보약을 먹었을 때처럼 힘이 불끈 솟아오르고, 용기와 자신감도 생기지요. 자신의 좋은 점을 알아봐 주는 사람에게는 저절로 마음이 열려 쉽게 친해질 수 있어요. 칭찬은 사람과 사람 사이의 마음의 문을 여는 만능 열쇠랍니다. 칭찬으로 서로 용기와 자신감을 북돋아 주다 보면 어느새 우정의 싹을 틔우게 될지도 모릅니다.

　여러분은 하루에 몇 번이나 칭찬의 말을 하나요? 최근에 누군가를 칭찬한 적이 언제인지 떠올려 보세요.

어떤 칭찬을 들었을 때 기분이 제일 좋았나요?

친구에게 들었던 칭찬 중에 기억에 남는 말이 있나요? 마음에서 우러나오는 진심이 담긴 칭찬은 더 와닿는답니다.

- 목소리가 꼭 유명한 영화에 나온 배우처럼 멋지다.
- 오늘 입고 온 옷이 너랑 정말 잘 어울려.

음식을 나누어 먹으면 친해질 수 있다고요?

은결이는 찬희와 친해지고 싶었어요. 그런데 어떻게 말을 걸어야 할지 망설여졌어요. 은결이는 찬희와 나눠 먹으려고 좋아하는 과자를 챙겨서 학교에 갔어요.

"과자 같이 먹을래?"

은결이는 쉬는 시간에 찬희에게 말을 걸었어요. 찬희와 은결이는 함께 과자를 먹기 시작했어요.

"너는 어떤 과자를 좋아해?"

"초콜릿이 들어간 과자가 제일 좋아. 너는?"

"초콜릿이 들어간 과자도 좋은데, 감자칩이 더 좋아."

과자를 나누어 먹으면서 은결이와 찬희는 많은 이야기를 나누었어요. 덕분에 금세 친해질 수 있었어요.

> **이렇게 해 봐요!**

　음식을 함께 먹으면 상대방에게 좋은 감정이 생긴다고 해요. 음식을 먹을 때 분비되는 옥시토신(Oxytocin)이라는 호르몬의 영향 때문이지요. 옥시토신은 인간의 감정을 조절해 서로 연결된 느낌과 신뢰감을 증대시켜주는 호르몬이라고 해요. 한마디로 말해서 음식을 함께 나누어 먹는 일은 상대방과의 관계를 깊게 만들어 준다는 거예요.

　친해지고 싶은 친구가 있다면 과자를 함께 나누어 먹어 보세요. 어색함이 사라지면서 친밀감이 형성되어 자연스럽게 이런저런 이야기를 나눌 수 있어요. 음식을 먹으면서 함께 웃고, 속마음을 터놓고, 대화를 나누면서 점점 친해질 수 있어요. 어쩌면 평생 좋은 친구로 지내게 될지도 몰라요. 친해지고 싶은 친구가 있는데 "우리 친구 하자!"라는 말을 꺼내기 어렵다면, 은결이처럼 과자를 나누어 먹자고 말해 보세요. '너와 친해지고 싶어.'라는 마음을 담아서 말이에요.

친구와 함께 어떤 음식을 나누어 먹으면 좋을까요?

맛있는 음식은 혼자 먹기에도 아깝지요. 그런 음식을 친구와 함께 먹어 본 적 있나요? 어떤 음식이었나요? 음식을 나누어 먹으면 또 어떤 점이 좋은지 생각해 봅시다.

- 친구와 먹으면 떡볶이에 튀김까지 여러 종류를 같이 먹을 수 있어.
- 친구 덕분에 새로운 음식에 도전할 수 있어.

친구에게 어떤 도움을 줄 수 있을까요?

"필통을 집에 두고 왔네. 어쩌지…?"

책가방 안을 뒤적거리던 보석이가 중얼거렸어요. 몹시 당황한 나머지 얼굴빛이 하얗게 변해 갔어요. 새 학기 첫날이라 마땅히 도움을 청할 친구 하나 없었어요. 그때 옆에 앉은 송이가 연필을 내밀었어요.

"내가 빌려줄게. 지우개도 필요하면 말해."

"고마워."

보석이가 연필을 받았어요. 그날 하루 보석이는 송이의 연필 덕분에 수업을 들을 수 있었어요.

"네가 연필을 빌려주지 않았다면, 공부를 못 했을 거야. 네 덕분에 하루를 무사히 잘 넘겼어. 정말 고마워. 혹시 도움이 필요한 일이 생기면 나한테 말해 줘. 나도 도와줄게."

이렇게 해 보요!

'어려울 때 함께하는 친구가 진짜 친구다.'라는 속담이 있어요. 친구가 난처한 상황에 처했을 때 도와주는 건 관계를 돈독하게 만드는 아주 좋은 방법이에요. 작은 일이라도 도움을 주고받으면 서로 끈끈한 마음을 나눌 수 있어요.

도움이라고 하면 흔히 어렵고 힘든 일이라고 생각하는데, 사실 그렇지 않아요. "처음부터 잘하는 사람은 없어. 다시 하면 돼."라고 따뜻한 격려의 말을 건네는 것만으로도 도움을 줄 수 있답니다. "요즘 친구들에게 이유 없이 짜증을 많이 내는 것 같아. 말 때문에 친구가 상처를 받을 수 있으니 조심하면 좋을 것 같아."라며 진심 어린 충고의 말을 해 주는 것도 도움이 되는 말이지요. 친구를 진심으로 사랑하고 아끼는 마음을 담아 전한다면 무엇이든 큰 도움이 된답니다.

친구에게 도움을 받았던 기억이 있나요?

곤란하고 어려운 상황에서 친구에게 도움을 받은 적 있나요? 어떤 상황이었나요? 만약 반대로 친구가 힘든 상황에 빠졌다면 나는 어떤 도움을 줄 수 있는지 생각해 봅시다.

- 다리를 다쳐서 걷기 힘든 친구의 가방을 대신 들어 줘야겠다.
- 비가 오는데 우산이 없다고? 내 우산을 같이 쓰자.

친구에게 장난칠 때 어떤 점을 주의해야 할까요?

새 학년이 되자 동주는 반 아이들을 웃길 생각에 들떠 있었어요. 동주는 작년에 같은 반이었던 하은이에게 장난칠 준비를 하고 하은이가 학교에 오기만을 기다렸어요. 하은이가 학교에 와서 자리에 앉자마자 미리 준비한 스티커를 몰래 등에 붙였어요. 학교에 오는 길에 전봇대에 붙어 있던 스티커를 떼어 온 것이었어요. 스티커에는 '놓치면 후회! 50% 초특가 할인!'이라는 문구가 적혀 있었어요.

수업 시간에 스티커를 발견한 아이들이 하은이 몰래 킥킥 대며 웃기 시작했어요. 동주는 아이들을 웃기는 데 성공한 것 같아 만족스러웠어요. 이상하다고 느낀 하은이는 쉬는 시간이 되자 화장실에 갔어요.

"너 때문에 정말 짜증 나! 너랑 짝꿍 하기 싫어!"

화장실에 다녀온 하은이가 동주를 향해 불같이 화를 냈어요. 두 귀에서는 뜨거운 김이 쉭쉭 뿜어져 나왔지요. 등에 붙은 스티커의 정체를 알아차린 모양이었어요. 동주도 덩달아 소리를 빽 질렀어요.

"웃기려고 장난친 건데 뭘 그렇게 화를 내냐! 나도 너처럼 속 좁은 애랑은 짝꿍 하기 싫어!"

이렇게 해 봐요!

유머와 센스가 넘치는 아이는 친구들 사이에서 인기가 많지요. 그런데 유머도 때와 장소, 친구의 기분에 맞게 해야 해요. 친구가 웃기는커녕, 기분 나빠하거나 짜증을 낸다면 안 하느니만 못하기 때문이지요. 상대방이 싫어하거나 짜증을 내면 바로 멈춰야 해요. 짜증 나는 사람과 함께 있고 싶어 할 사람은 없을 테니까요.

"네 행동 때문에 화가 나려고 해! 그러니 그만 멈춰 줘!"

상대방이 분명하게 싫다는 의사 표시를 했는데도 같은 행동을 계속한다면, 자신을 무시한다고 생각해 감정의 골이 더 깊어질 수 있어요. 자기 생각이 중요하듯이 상대방의 생각도 존중할 줄 알아야 해요.

"웃기려고 한 일인데, 화나게 했다면 미안해."

진심이 담긴 사과도 잊지 않아야 해요.

친구에게 놀림을 받을 때 어떤 기분이 들었나요?

책상에 함부로 낙서하거나 놀리는 친구를 보면 어떤 기분이 드나요? 반대로 내가 그런 장난을 쳐서 친구가 상처받은 적은 없나요?

- 가벼운 장난이라고 생각했는데 친구가 속상해하는구나.
- 하지 말라고 했는데 자꾸 같은 장난을 쳐서 화가 났었어.

친구에게 어떻게 조언을 해 줘야 할까요?

은결이는 송이를 처음 본 순간을 잊을 수 없어요. 송이를 생각하면 심장이 고장 난 것처럼 쿵쾅쿵쾅 뛰었어요. 저녁을 먹을 때도, 자기 전에도 머릿속은 온통 송이 생각으로 가득했어요. 보지 않으려고 해도 저절로 송이에게 눈길이 갔지요.

은결이는 준비물을 사러 문방구에 갔다가 예쁜 머리핀을 발견했어요. 분홍색 리본이 달린 것이 송이에게 잘 어울릴 것 같았어요. 머리핀을 선물하면서 송이에게 고백해야겠다고 마음먹었어요. 은결이는 분홍색 머리핀을 만지작거리며 하늘이에게 고민을 털어놓았어요.

"머리핀을 선물하면 송이가 내 마음을 받아 줄까?"

"분홍색은 공주병에 걸린 여자애들이나 좋아하는 색이잖아! 분홍색 머리핀을 선물할 생각을 하다니 너 혹시 바보 아니야?"

하늘이의 말에 은결이의 얼굴이 붉으락푸르락했어요.

이렇게 해 봐요!

　내 생각을 거짓이나 꾸밈없이 솔직하게 말했을 뿐인데 친구가 화를 낸 적 있나요? 자신의 생각을 솔직하게 말하는 건 좋지만 상대방을 배려하지 않고 내뱉는 말은 마음을 상하게 할 수 있어요.

　같은 의미의 말이라도 기분 좋게 전달될 수 있도록 신경 써야 해요. 예를 들어, "송이가 노란색 물건을 많이 가지고 다니니까 노란색을 좋아하는 게 아닐까? 그래도 머리핀이 예뻐서 선물 받으면 좋아할 거야."라고 말했다면 은결이가 화나지 않았을지도 몰라요.

　하늘이처럼 말속에 '내 생각이 옳고, 네 생각은 틀렸어.'라는 가시를 숨겨 놓으면, 그 말을 듣는 상대방은 가시에 찔려 마음에 상처를 받아요. 아울러 '싫어.', '안 해.', '몰라.'와 같은 부정적 말하기는 상대방에게 좋지 못한 인상을 심어 줄 수 있으니 주의하기 바라요.

친구에게 듣기 좋은 조언을 들은 기억이 있나요?

고민이 되는 상황에서 친구에게 도움이 되는 조언을 받은 적 있나요? 어떤 조언이었는지 떠올려 보고, 만약 반대의 상황이라면 어떤 조언을 해 줄 수 있을지 생각해 봅시다.

- 친구와 다툰 후 힘들어하는 친구에게 어떤 말로 응원해 줄까?
- 부모님에게 혼나서 기운이 없는 친구를 어떻게 위로해 줄까?

어떤 상황에 친구에게 양보해야 할까요?

점심시간이 되자 하은이는 급식실로 달려가 반에서 가장 앞줄에 섰어요. 그런데 선생님이 찬희와 함께 다가와 부탁했어요.

"하은아, 찬희에게 자리를 좀 양보해 주면 안 될까? 찬희가 오후에 과학 경시대회에 참가해야 해서 점심을 서둘러 먹어야 하거든."

"싫어요. 다른 사람의 자리를 가로채는 것은 새치기라고 하셨잖아요."

하은이는 찬희에게 자리를 양보하고 싶은 생각이 없었어요.

"선생님, 제가 양보할게요."

하은이 바로 뒤에 서 있던 보라가 찬희에게 자리를 양보해 주었어요. 그렇게 점심시간과 오후 수업이 끝나고, 종례 시간이 되었어요. 선생님이 기쁜 소식을 전해 주었어요.

"보라가 자리를 선뜻 양보해 준 덕분에 찬희가 늦지 않게 과학 경시대회에 참가해서 좋은 성적을 거뒀답니다."

아이들이 와르르 손뼉을 쳤어요.

'선생님은 찬희와 보라만 예뻐해!'

하은이가 못마땅한 표정으로 툴툴거렸어요.

이렇게 해 봐요!

위독한 환자를 태운 구급차가 지나가면 도로 위 차들이 양쪽으로 갈라지며 길을 열어 주지요. 그래야 구급차에 탄 환자가 병원에 한시라도 빨리 도착할 수 있으니까요. 길을 비켜주지 않는다면 소중한 생명을 잃을 수도 있어요.

학교에서도 마찬가지예요. 먼저 잡은 자리라고 중요한 일이 있는 친구에게 양보해 주지 않는다면, 친구가 곤란해질 수도 있어요. 사회생활은 혼자만 잘하는 게 아니라 서로 도와야 해요. 친구가 준비물을 깜빡하고 안 가져오면 나눠 쓸 줄도 알아야 하고, 몸이 불편한 친구에게 자리를 양보할 줄도 알아야 해요. 하은이처럼 상대방의 입장을 생각해 보지도 않고, 무조건 원칙만 강조하면 좋은 관계를 맺기 어려워요. 상황에 따라 말과 행동을 정해야 해요. 나에게도 양보와 배려가 필요한 때가 올 수 있다는 사실을 잊지 마세요.

생각지 못한 양보를 받아서 기분 좋았던 적이 있나요?

일상생활에서 다른 사람에게 양보를 받아 기분이 좋았던 경험이 있나요? 다른 사람에게 양보할 수 있는 행동에는 어떤 것들이 있는지 생각해 봅시다.

- 다리를 다친 친구에게 자리를 양보해야겠어.
- 나도 갖고 싶던 물건이지만, 더 필요한 친구에게 양보해야겠어.

친구와 의견이 다를 때 어떻게 해야 할까요?

모둠 활동을 하게 되었어요. 활동 주제는 재활용품을 활용해서 교실을 꾸미는 것이었어요. 모둠 장으로 뽑힌 슬기가 같은 모둠 아이들에게 물었어요.

"무엇으로 꾸미면 좋을까?"

"플라스틱 물병으로 공룡을 만들면 어떨까? 교실을 쥐라기 공원으로 꾸미면 학교에 오는 것이 무척 신날 것 같아."

동주가 손을 번쩍 들고 의견을 냈어요.

"그건 너무 유치한 생각인 것 같아. 게다가 나는 공룡이 싫어! 여러 말 할 것 없이 봄이니까 버려지는 종이로 꽃을 만들어 꾸미자."

하은이는 동주의 의견을 무시하고 종이꽃을 만들자고 주장했어요. 그리고 다른 아이들의 동의도 구하지 않고 혼자 종이꽃을 만들 준비를 했어요.

이렇게 해 봐요!

독재자처럼 자기 뜻대로만 하려는 사람이 있어요. 마음에 드는 물건은 무조건 자기가 독차지해야 하고, 맛있는 음식은 제일 먼저 자기 입에 넣어야 하고, 자기가 원하는 놀이만 해야 하고, 선생님이 자기만 예뻐하길 바라고….

이렇게 자기밖에 모르는 자기중심적인 사람은 친구를 만들기 어려워요. 다른 친구의 의견을 살피지 않고 자기 마음대로 이래라저래라 제멋대로 행동하면, 친구와 다툼이 자주 일어나지요. 다른 사람의 입장을 살피지 않고 자기주장만 내세우는 사람과는 아무도 가까이 지내려고 하지 않겠지요? 여러 사람이 함께 생활할 때는 배려와 양보, 타협을 할 줄 알아야 해요. 의견이 달라도 서로 존중해야 하지요.

자기 의견만 주장하는 친구와 함께 있을 때 어떤 기분이었나요?

절대 자기 의견을 굽히지 않는 친구와 있으면 어떤 기분이 드나요? 친구에게 내 의견만 고집한 적은 없는지 생각해 봅시다.

- 매번 자기가 하고 싶은 게임만 고집하는 친구 때문에 다들 짜증이 났어.
- 떡볶이보다 피자를 먹고 싶지만, 지난번에 친구가 양보했으니 오늘은 내가 양보해야겠다.

친구에게 어떤 위로를 건네면 좋을까요?

　체육 시간에 옆 반 아이들과 이어달리기 시합을 했어요. 보석이네 반에는 발이 빠른 아이들이 많아서 격차가 크게 벌어졌어요. 달리기를 잘하지 못하는 보석이가 달리면서 격차가 좁혀지기는 했지만, 워낙 같은 반 아이들이 잘 달려서 이대로라면 승리할 것이 분명했어요.
　"꽈당!"
　모두가 보석이네 반의 승리를 확신하고 있을 때였어요. 마지막 주자로 달리던 푸름이가 결승선을 코앞에 두고 넘어지고 말았어요.
　"푸름아, 어디 다친 데는 없니?"
　아이들이 걱정이 가득한 눈으로 푸름이 주위를 에워쌌어요. 그 사이 옆 반 아이가 결승점을 통과하고 말았어요.
　"푸름이 너 때문에 다 이겨놓은 경기에서 우리 반이 졌잖아!"
　보석이가 푸름이를 향해 눈을 흘기면서 투덜거렸어요.

이렇게 해 봐요!

　나의 잘못에는 너그러우면서 다른 사람의 잘못에는 인색한 사람이 있어요. 예를 들어 본인이 화장실이 급해서 새치기할 때는 어쩔 수 없는 선택이었다며 우기고는 다른 사람이 화장실이 급해서 자리를 양보해 달라고 하면 비난을 퍼붓기도 해요. 상대의 입장을 헤아리면서, 너그러운 마음을 베풀면 어떨까요?

　"어디 다친 데는 없니?", "괜찮아, 재미있는 경기였어.", "우리 모두 끝까지 최선을 다했잖아."

　일부러 잘못한 게 아닌데도 안 좋은 결과를 내서 미안해하고 속상해하는 친구에게 위로와 격려의 말을 해 보세요. 어려운 상황에서 기운을 북돋아 준 것에 고마움을 느껴 나중에 나에게도 큰 힘이 되는 친구가 될 거예요.

어떤 위로를 받았을 때 가장 기분이 나아졌나요?

속상하거나 힘들 때, 친구에게 위로를 받아 본 적 있나요? 어떻게 위로를 받았을 때 가장 힘이 났는지 떠올려 봅시다.

- 친구가 안아 주고 토닥여 줄 때 가장 힘이 났던 것 같아.
- 달콤한 초콜릿을 책상 위에 놓아주고 갔던 게 가장 기억에 남아.

친구와의 약속을
꼭 지켜야 할까요?

쉬는 시간이었어요. 푸름이는 만화책에 푹 빠져 있었어요. 하늘이가 만화책에 관심을 보이면서 물었어요.

"푸름아, 그 만화책 재미있어?"

"응, 아주 재미있어."

푸름이는 만화책에서 눈을 떼지 않고 대답했어요.

"읽고 난 후에 나도 좀 빌려줄 수 있어? 내일 꼭 돌려줄게."

푸름이는 하늘이의 말을 믿고 만화책을 빌려주기로 마음먹었어요.

"우리 형 만화책이니까 잊지 말고 내일까지 꼭 돌려줘야 해. 혼나기 싫단 말이야."

"약속 꼭 지킬 테니까 걱정하지 마!"

다음 날 아침, 푸름이는 만화책을 돌려받기 위해 하늘이한테 갔어요.

"만화책 가지고 왔어?"

"앗, 깜빡했네. 내일 줘도 괜찮지?"

이렇게 해 봐요!

약속을 깜빡했다는 말은 누구나 한 번쯤은 들어 봤을 거예요. 누구나 한 번쯤은 실수할 수 있지만, 자주 약속을 어기는 사람은 약속 자체를 가볍게 여기는 사람일 가능성이 크지요. 나에게는 사소한 약속이라도 상대방에게는 중요할 수 있어요. 어쩌면 푸름이는 형에게 만화책을 제때 돌려주지 못해서 크게 혼이 날지도 모릅니다. 푸름이 잘못도 아닌데 형에게 혼이 난다면 몹시 억울하겠지요.

약속을 깜빡하는 습관을 고치려면 메모하는 습관을 들이는 것이 좋아요. 약속 시간과 장소, 챙겨야 할 것을 수첩이나 알림장, 달력, 스마트폰 등 눈에 잘 띄는 곳에 적어서 꼼꼼하게 점검하는 것이죠. 매번 다른 곳에 적어 두면 잊어버리기 쉬우니 스마트폰이면 스마트폰, 수첩이면 수첩, 정해두고 기록하는 게 좋아요. 늘 가지고 다닐 수 있는 작은 수첩에 적어 두고 자주 확인한다면 잊을 일 없겠지요?

친구와의 약속을 잊어 곤란했던 적이 있나요?

친구와 만나기로 약속하거나 물건을 빌리고 돌려주는 걸 깜박한 적 있나요? 그때 친구에게 무슨 말을 했는지 기억해 봅시다.

- 미안해, 기다리느라 힘들었지? 다음에는 꼭 약속 시간을 지킬게.
- 내일은 꼭 어제 빌린 연필을 가져올게. 이해해 줘서 고마워.

친구가 많아지려면 어떤 말을 해야 할까요?

체육 시간에 뜀틀 넘기를 했어요. 은결이는 1단과 2단을 거뜬히 넘었어요.

'생각했던 것보다 쉬운걸.'

그런데 3단 뜀틀을 보는 순간 발이 땅바닥에 딱 달라붙어서 떨어지지 않았어요. 용기를 끌어모아도 3단 뜀틀은 한라산보다도 높아 보였어요.

"힘들면 뜀틀을 넘지 않아도 돼."

체육 선생님의 말씀에 은결이는 자리로 돌아갔어요. 엉덩이를 바닥에 붙이자마자 기다렸다는 듯이 동주가 놀렸어요.

"그것도 못 넘냐!"

은결이는 앞으로 아이들에게 놀림받을 생각을 하니 슬퍼졌어요. 눈물을 흘리지 않으려고 입술을 꽉 깨물었어요. 그때 슬기가 은결이 편을 들어 주었어요.

"은결이는 뜀틀은 잘 못 넘지만, 수학 성적은 우리 반에서 1등이잖아. 각자 잘하는 게 다른 것뿐이야."

슬기의 말에 은결이의 눈가에 맺혀 있던 눈물방울이 쏙 들어갔어요.

다르다는 건 근사한 일이야!

이렇게 해 봐요!

　세상에는 독이 되는 말이 있어요. 상대방을 화나게 하는 말, 자존심에 상처 입히는 말, 기운이 쪽 빠지게 하는 말, 가시 돋친 말로 다른 사람의 마음을 아프게 하는 말들이지요. 물론, 약이 되는 말도 있어요. 바람 빠진 풍선처럼 잔뜩 움츠린 마음에 희망을 불어넣어 가슴을 활짝 펴게 주는 말, 상처 난 마음에 새살이 돋게 하는 말, 꼭꼭 닫힌 어두운 마음에 환한 햇살이 들게 하는 말들이지요.

　독이 되는 말과 약이 되는 말 중에 어떤 말들을 주로 사용하고 있나요? 엎질러진 물과 같이 한번 내뱉은 말은 다시 주워 담을 수 없어요. 무심코 내뱉은 말에 상대방이 상처를 받는 경우도 많으니 말을 하기 전에 꼭 한번 생각해 보는 습관을 갖기 바라요. 칼에 베인 상처는 시간이 흐르면 차차 아물지만, 말에 베인 상처는 평생 아물지 않을 수도 있으니까요.

친구들에게 어떤 말을 주로 하는지 기억해 봐요.

평소에 친구들에게 어떤 말을 많이 하나요? 스스로 되돌아보고, 앞으로 어떤 말을 해야 할지 생각해 봅시다.

- 평소에 짜증 내는 말을 많이 해서, 친구들이 힘들었을 것 같아.
- 가볍게 생각하고 내뱉은 말인데, 기분이 나빴을 수도 있겠어.

차별하면 좋은 친구를 사귈 수 없다고요?

"여자애는 빠져!"

찬희가 하은이를 밀쳤어요.

"여자라고 안 끼워 주다니, 말도 안 돼!"

체육 대회 야구 시합에 참여할 대표 선수를 뽑는 가운데 찬희와 하은이 사이에 다툼이 일었어요.

"여자애를 선수로 내보냈다가는 웃음거리가 될 것이 빤해. 너는 여자애가 왜 항상 그 모양이니? 바지 차림에 남자애처럼 복도에서 뛰어다니기나 하고 말이야. 짧은 커트 머리는 정말 꼴불견이야. 여자로 태어났으면 여자답게 굴어야지. 넌 구제 불능이야!"

소나기처럼 찬희가 말을 쏟아 냈어요.

"너, 말 다 했어!"

하은이가 화를 참지 못하고 버럭 소리를 질렀어요.

이렇게 해 보요!

　남자와 여자, 부자와 가난한 사람, 키 큰 사람과 키 작은 사람, 뚱뚱한 사람과 마른 사람, 나이 든 사람과 젊은 사람, 피부색이 검은 사람과 하얀 사람, 장애인과 비장애인, 공부를 잘하는 사람과 그림을 잘 그리는 사람. 세상에는 다양한 사람이 살고 있어요.

　요즘은 차별이 많이 사라지긴 했지만, 무의식적으로 차별을 하는 사람도 더러 있어요. 여자니까 긴 머리에 치마를 입어야 한다고 생각한다든가, 남자니까 울면 안 된다고 주장하는 것이 그런 경우지요. 한쪽으로 치우친 생각은 친구 관계에 넘을 수 없는 벽이 됩니다. 단단한 벽이 가로막으면, 갈등과 다툼이 일어날 수 있어요. 다른 생김새, 다른 생각, 다른 행동처럼 다양성을 인정하면서 서로의 장점을 활용하고, 부족한 점은 채워 주면서 협력한다면 돈독한 친구 관계를 맺을 수 있어요.

차별을 당해서 기분 나빴던 적이 있나요?

선입견을 가진 사람에게 차별을 당한 경험이 있나요? 그때 기분이 어땠는지, 다른 사람을 어떻게 대해야 할지 생각해 봅시다.

- 의견을 냈는데 나이가 어리다고 무시당해서 기분이 나빴어.
- 처음 봤을 때는 외모가 마음에 들지 않았는데 알고 보니 좋은 친구였어.

되돌아보기

친구를 만들기 위해서 알아 두어야 할 점들을 잘 읽어 봤나요?
생활에서 어떻게 응용할 수 있는지 생각해 봅시다.

❶ 새로운 학원에 간 첫날이에요. 다른 친구들은 이미 친해져서 수다를 떨고 있는데, 어떻게 다가갈지 몰라 스마트폰만 바라보고 있어요. 모두 같은 학교에 다니는 친구들인데 무슨 말로 다가가야 할까요?

❷ 학교 가는 길에 같은 반 친구가 목발을 짚으면서 걸어가고 있어요. 무거운 책가방을 멘 모습이 힘들어 보이는데 어떻게 도와줘야 할까요?

❸ 좋아하는 과자를 챙겨 학교에 왔어요. 2교시 쉬는 시간에 먹으려고 꼭꼭 숨겨 놨는데, 1교시 쉬는 시간에 가방을 열다가 그만 과자가 툭 떨어졌어요. 짝꿍이 좋아하는 과자라며 나누어 먹자는데 어떻게 해야 할까요?

❹ 짝꿍에게 장난으로 머리에 지우개 가루를 뿌렸어요. 짝꿍이 엉엉 울음을 터뜨렸어요. 어떻게 달래 줘야 할까요?

❺ "동생이 내 인형을 가져가서 싸웠는데, 엄마는 나만 혼내고 정말 속상해." 하고 친구가 울면서 말했어요. 무슨 말로 친구를 위로해야 할까요?

❻ 온라인 채팅방에 들어갔는데, 프로필 사진을 내가 좋아하는 아이돌로 해놓은 친구가 있어요. 그 친구와 아이돌 이야기를 나누고 싶은데 어떻게 말을 걸어야 할까요?

마음 정리하기

친해지고 싶은 아이에게 다가가거나 낯선 환경에 놓였을 때 어떤 마음이 드나요? 스스로 마음을 정리해 적어 보고, 어떤 모습으로 바뀌어야 할지 생각해 봅시다.

마음 적어 보기

- 먼저 다가가기가 겁나고, 무서워.
- 친구가 되자고 했을 때 거절당할까 봐 걱정이야.
- 무슨 말을 건네야 할지 떨려.
- 혼자 있는 모습이 초라해 보여서 슬퍼.
- 활기찬 저 친구가 부러워.

마음 바꿔 보기

- 먼저 다가와 주었던 친구가 고마웠어. 나도 용기 내서 먼저 다가갈 거야.
- 마음이 맞는 다른 친구를 사귀면 되지. 나랑 친구가 되기 싫다는 건 좋은 친구를 사귈 기회를 놓치는 거야.
- 내가 좋아하는 주제로 말을 걸어 보자. 그럼 대화가 술술 풀릴 거야.
- 좋아하는 그림을 그려 볼까? 같은 취미를 가진 친구가 다가올지 모르잖아.
- 친구의 좋은 점을 찾아 배워 볼까? 언젠간 나도 친구처럼 멋있어질지도 몰라.

마음 적어 보기

마음 바꿔 보기

친구를 사귀면 끝일까요? 관계를 새로 시작하는 것도
중요하지만 그보다 더 중요한 일은 관계를
잘 유지하는 거예요.

친구와 다투거나 문제가 생겼을 때
어떻게 잘 해결하며 지낼 수 있을까요?

친구와 관계를 유지하는 법

친구에게 지키지 못할 약속을 한 적 있나요?

보석이는 처음으로 반장이 되었어요. 반장은 같은 반 아이들을 도우며, 학급을 위해 힘쓰는 거라는 선생님의 말씀을 가슴 깊이 새겼지요.

"반장, 청소 시간 좀 줄여 줘."

"반장, 급식에 먹기 싫은 시금치나물이 안 나오게 해 줘."

"반장, 우리 반은 흰 우유 대신 딸기 우유로 바꿔 줘."

"반장, 선생님한테 말해서 숙제 좀 없애 줘."

"반장, 시간표에 있는 수학 시간을 체육 시간으로 바꿔 줘."

보석이는 반 아이들이 무언가를 요구할 때마다 이렇게 말했어요.

"알았어. 내가 다 해 줄게."

보석이는 친구들이 필요로 하는 일이라면, 무슨 일이든지 도와주는 멋진 반장이 되고 싶었어요. 그래서 지키지도 못할 약속을 하고 말았어요.

이렇게 해 봐요!

　반장으로서 친구들에게 잘 보이고 싶은 마음은 이해해요. 하지만 지키지 못할 약속을 한다면 오히려 무책임한 사람이 되고, 동시에 친구들의 신뢰를 잃게 된답니다. 자꾸 약속을 어기는 친구라면, '양치기 소년'의 말처럼 믿지 못할 테니까요.

　약속을 잘 지키는 사람이 되기 위해서는 자신의 힘으로 할 수 없는 일에 대해서는 약속을 하지 않아야 해요. "미안하지만 내 힘으로 할 수 없는 일이야."라고 솔직하게 말하고 거절할 줄도 알아야 해요. 약속을 잘 지키기 위해서는 '지킬 수 있는 약속을 하는 것'이 더 중요하다는 사실을 기억하기 바라요. 약속할 때에는 신중하게 생각해 보고, 지킬 수 있는 약속을 하는 습관을 길러 보세요. 그러면 많은 친구에게 신뢰받는 사람이 될 거예요.

지킬 수 없는 약속을 한 적이 있나요?

친구에게 지킬 수 없는 약속을 한 적이 있나요? 약속을 지키지 못했을 때 어떤 상황이 펼쳐졌는지 생각해 봅시다.

- 친구와 약속을 지키지 못했을 때, 실망하던 친구의 표정이 잊히지 않아.
- 왜 지키지 못할 약속을 했냐고 화를 내던 친구에게 미안했어.

단짝 친구는 나랑만 친하게 지내야 할까요?

"네가 진짜 내 친구라면 두 번 다시 하은이와 놀지 마!"

하은이와 즐겁게 이야기를 주고받는 모습을 보고 보라가 불같이 화를 냈어요. 송이는 보라와 친한 만큼 하은이와도 친해지고 싶었어요. 이야기를 나눌수록 서로 취미도 비슷하고, 마음이 잘 통하는 것 같았어요.

"우리 둘이 노는 것보다 셋이 놀면 훨씬 재미있을 것 같은데…."

송이가 말끝을 흐리자 보라가 다그쳤어요.

"싫어. 난 너랑 둘이서만 친하게 지내고 싶단 말이야. 그러니까 누구와 친하게 지낼 건지 한 사람만 선택해!"

"그래. 알았어. 하은이와 안 놀게."

하는 수 없이 송이가 대답했어요.

이렇게 해 봐요!

　반드시 단짝이 한 명이어야 하는 건 아니에요. 마음에 드는 친구가 나랑만 친했으면 하는 마음은 이해해요. 친구가 다른 친구와 있을 때 더 많이 웃고 즐거워하는 모습을 보면 질투가 나고, 혹시 저 친구랑 더 친해지지 않을까 불안한 마음이 드는 것도 당연하지요.

　하지만 단짝이라고 항상 함께 놀 수는 없어요. 상대방이 누구와 친하게 지내는지 사사건건 간섭하고 옭아매려 해서도 안 돼요. 오히려 단짝이 멀어질지도 몰라요. 단짝이 다른 친구와 더 친하다고 우정에 금이 가는 것은 아닙니다. 진심으로 친구를 아끼고 사랑한다면, 다른 친구와도 친할 수 있다는 걸 인정하고, 관계를 넓힐 수 있도록 도와주세요. 어울리는 친구들이 많을수록 다양한 경험을 하게 되고, 이야깃거리도 풍성해질 거예요. 여럿이 함께 놀 때 훨씬 더 신나고 즐거운 시간을 보낼 수 있을지도 몰라요.

친한 친구가 다른 친구와 놀 때 어떤 기분이었나요?

친한 친구가 다른 친구와 놀면 기분이 어땠나요? 그 기분을 친구에게 표현해서 친구가 곤란해한 적은 없는지 생각해 봅시다.

- 다른 친구도 함께 어울리면 재미있을 텐데, 다 같이 놀면 어떨까?
- 친해지고 싶은 친구가 있는데, 함께 놀자고 하면 어떨까?

친구의 성격을
내 마음에 맞게 바꾼다고요?

"목걸이가 좋을까? 반지가 좋을까?"

송이와 함께 우정의 증표를 고르던 보라가 혼잣말처럼 중얼거렸어요.

"송이야, 네 생각은 어때?"

보라가 목걸이와 반지를 송이의 코앞으로 내밀면서 물었어요.

"…."

꿀 먹은 벙어리처럼 송이는 입을 앙다물고 있어요.

"한두 번도 아니고 정말 답답해 죽겠네."

보라가 두 발을 쾅쾅 굴렸어요. 그러자 놀란 토끼처럼 송이가 구슬 같은 눈물을 뚝뚝 떨어뜨렸어요. 송이는 낯가림도 심하고 수줍음이 많은 아이라 학교 지킴이 선생님이 "몇 학년이니?" 하고 물어도 보라의 등 뒤로 숨기 바쁘지요. 처음에는 워낙 수줍음이 많아서 그러려니 했어요. 그런데 점점 답답하다는 생각이 들어요.

이렇게 해 보요!

　친구의 성격을 있는 그대로 인정해 주세요. 소심한 아이가 활발한 아이가 되거나 말이 많은 아이가 조용해질 순 없어요. 보라처럼 친구가 소심하다는 이유로 발을 쾅쾅 굴려서 화를 내거나 "정말 답답해 죽겠네."라고 말하면 친구의 마음에 상처가 될 수 있어요. 마음의 문을 닫아 버릴지도 모릅니다. 반대로, 친구가 내 성격이 마음에 안 든다는 이유로 성격을 고치라고 하면 어떨까요?

　친구를 있는 그대로 인정하고, 서로 마음에 집중해 대화하다 보면 친구의 성격은 중요하지 않답니다. 친구들이 모두 내가 좋아하는 방식으로 행동하고 말한다면 꼭두각시 인형과 다를 바 없겠지요. 친구는 서로의 다름을 인정하고, 존중해야 하는 존재랍니다.

친구의 성격을 바꾸려고 한 적은 없는지 생각해 봅시다.

내가 원하는 대로 친구의 성격을 바꾸려고 한 적은 없나요? 그럴 때 친구의 기분이 어땠을지 입장을 바꿔서 생각해 봅시다.

- 친구가 나를 있는 그대로 보듯, 나도 친구를 대하면 좋겠어.
- 성격이 너무 똑같았으면 오히려 친해지기 어려웠을 거야.

친구의 말을 끊고 끼어든 적 있나요?

"오늘 아침에 내 동생이 숙제 공책을 찢어서 정말 화가 났어."
은결이가 아직도 분이 안 풀린다는 듯이 씩씩거리며 말했어요.
"엄청 짜증 났겠다."
친구들이 맞장구를 쳐 주었어요. 친구들이 자신의 마음을 헤아려 주는 것 같아 은결이는 조금씩 기분이 풀리기 시작했어요.
"맞아, 엄청 짜증 나서 동생 머리에 꿀밤을…."
그때였어요. 동주가 가위로 자르듯이 은결이의 말을 싹둑 잘랐어요.
"너희들 〈겨울 나라〉 아직 못 봤지? 어제 극장에 가서 봤는데 엄청 재밌더라!"
"정말, 그렇게 재미있어?"
"응, 또 보고 싶을 정도야!"
아이들의 관심이 은결이에게서 동주에게로 옮겨 갔어요. 은결이는 투명인간이 된 것 같았어요.

이렇게 해 봐요!

　한참 신나게 말하고 있는데 누가 내 말을 가로막는다면 기분이 어떨까요? 대화할 때는 상대방의 말이 끝날 때까지 기다려야 해요. 대화가 주제에서 벗어나거나 의견 차이가 있을 때 도중에 끼어들고 싶은 마음이 생길 수도 있어요. 다른 친구가 말을 하는 도중에 끼어들 때는 "말을 잘라서 미안해.", "이야기 도중에 끼어들어서 미안.", "내가 먼저 말해도 될까?" 하고 사과와 함께 동의를 구해야 해요. 동의를 받지 않고 말을 끊어 버리면 아직 할 말이 남아 있는 상대방의 기분을 상하게 할 수 있어요.

　'나는 말을 많이 하는 사람일까?', '나는 친구의 말을 잘 들어 줄까?', '나는 친구의 말에 잘 대답해 줄까?' 스스로 한번 관찰하기 바라요. 다른 사람과 좋은 관계를 위해서는 말을 잘 들어 주는 것이 중요합니다. 사람들은 말을 잘하는 사람보다 말을 잘 들어 주는 사람을 더 좋아한답니다.

친구에 의해 말이 끊겼을 때의 기분을 떠올려 봅시다.

즐겁게 이야기하다가 갑자기 친구가 말을 끊어 속상했던 적 있나요? 그때 기분이 어땠는지 떠올려 봅시다.

- 친구한테 꼭 할 말이 있었는데, 갑자기 다른 친구가 말을 끊고 대화 주제를 바꿔서 당황스러웠어.
- 매번 친구들의 말을 끊고 자기 말만 하는 친구와는 대화하고 싶지 않아.

약속 시간을 지키는 게 왜 중요할까요?

하늘이는 체험 학습을 마치고 친한 친구들과 맛있는 음식을 먹기로 했어요. 집에 가방을 두고 다시 모이기로 했지요.

"어서 와."

슬기는 먼저 약속 장소에 도착해 차례로 오는 친구들을 반갑게 맞아 주었지요. 약속 시간이 지났는데도 동주만 나타나지 않았어요. 1분, 3분, 5분…. 친구들은 광장에 우뚝 서 있는 시계탑을 쳐다보면서 동주를 기다렸어요. 슬기가 불안한 얼굴로 동주를 걱정했어요.

"설마 오는 길에 사고가 난 것은 아니겠지?"

5분이 더 흘렀을 때 느릿느릿 걸어오는 동주의 모습이 보였어요. 하늘이가 따져 물었어요.

"너, 너무한 거 아니야. 어떻게 10분이나 기다리게 할 수가 있어?"

"약속 시간에 늦을 수도 있지. 친구 사이에 그런 것도 이해 못 해주냐."

동주는 사과는커녕 오히려 화를 냈어요. 하늘이는 어이가 없었어요.

이렇게 해 봐요!

  시간 약속을 지키는 것은 인간관계에서 매우 중요합니다. 약속에 늦으면 그만큼 친구들의 귀중한 시간을 빼앗는 것이지요. 동주가 늦는 바람에 친구들은 기다리느라 모두 시간을 허비했어요. 동주가 생각하기에 고작 10분밖에 안 되는 시간이지만, 친구가 여섯 명이라면 60분의 소중한 시간을 빼앗은 것이지요.

  기다리는 친구들은 화도 나고 짜증도 날 거예요. 늦는 친구를 좋게 생각할 수도 없지요. 또 약속 시간을 지키지 않으면 다른 일에도 신뢰를 잃을 수 있어요.

  어쩔 수 없이 늦는 일이 생긴다면 미리 친구들에게 양해를 구해 보세요. 귀찮은 일이라도 신뢰를 지킬 수 있답니다. 매번 양해도 없이 늦는다면 당장 눈에 보이는 손해는 없을지라도 "동주는 약속을 잘 안 지키니까 빼자."라며 모임에서 빠지는 낭패를 보는 경우가 생길지도 모릅니다. 약속 시간을 정했으면 최대한 지킬 수 있도록 노력해야 해요.

친구가 약속 시간에 늦었을 때 무슨 생각을 했나요?

약속 시간에 늦은 친구를 기다리는 동안 어떤 생각이 들었나요? 그때의 기억을 떠올려 봅시다.

- 친구가 지난번에도 약속 시간에 늦어서 기분이 안 좋았던 기억이 나.
- 영화관에서 친구를 기다리는데 심심하고 뻘쭘했어.

단정한 옷차림이 중요하다고요?

"5분만!"

아침에 일어나는 것을 힘들어하는 동주는 날마다 "5분만!"을 외치지요. 늦잠을 자느라 지각을 밥 먹듯이 했어요. 5분이 10분이 되고, 20분이 되고…. 결국 오늘은 아슬아슬하게 일어나 눈곱도 떼지 못한 채 허겁지겁 학교에 가게 되었어요.

"야, 저리 가. 너한테서 이상한 냄새나!"

슬기가 코를 감싸 쥐면서 동주를 향해 말했어요.

"단추도 다 안 잠가서 속옷이 보이잖아!"

송이, 하늘이, 푸름이도 덩달아 눈을 가렸어요.

"우리한테서 떨어져!"

은결이도 한마디 보탰어요. 허겁지겁 학교에 오느라 머리에는 새집이 얹혀 있고, 이 사이에는 까만 김 가루가 끼어 있고, 속옷이 밖으로 삐져나와 있었어요.

이렇게 해 봐요!

　동주처럼 지저분한 아이를 보면 어떤 생각이 드나요? 외모보다는 마음이라고요? 물론 외모보다 마음이 중요한 것은 맞아요. 하지만 생김새를 떠나 단정한 차림새는 상대방에 대한 예의이지요. 평상시에 손톱과 발톱을 깨끗이 깎고, 목욕을 잘하고, 옷에 얼룩이나 구겨진 곳은 없는지 확인해야 합니다. 속옷은 당연히 밖으로 보이지 않아야겠지요? 건강을 위해서라도 청결하고 단정한 습관을 갖기 바라요.

　오늘은 어떤 모습으로 학교에 갔나요? 자기 모습을 한번 돌아보세요. 치아에 고춧가루가 끼어서 놀림을 받거나 머리를 안 감아서 근질근질한 채로 하루를 보내진 않았나요? 학교에 갈 때는 수업에 방해되지 않는 단정한 옷차림을 해야 합니다. 머리 모양도 마찬가지고요.

평소에 어떤 모습으로 밖에 나가는지 떠올려 봅시다.

평소에 어떤 모습으로 학교나 학원에 가나요? 씻기 귀찮아서 대충 나간 적은 없나요? 그런 날 어땠는지 기억해 봅시다.

- 이를 안 닦고 학교에 가서 친구들이 입 냄새가 난다고 놀렸었지.
- 머리를 감기 귀찮아서 그냥 갔더니 하루 종일 머리가 간지러워서 힘들었어.

외모로 놀림받는 친구의 마음은 어떨까요?

"야, 슈퍼 돼지!"

은결이가 반 아이들이 다 들을 수 있게 찬희를 놀렸어요. 팝콘이 터지듯이 아이들이 와르르 웃음을 터트렸어요. 단 한 사람, 찬희만 울상을 하고 있었지요. 반에서 가장 덩치가 큰 찬희는 마음이 몹시 상했어요. 너무나 창피해서 쥐구멍이라도 있으면 숨고 싶었어요. 찬희도 자신의 퉁퉁한 몸이 마음에 드는 것은 아니에요. 몸무게를 줄이기 위해 줄넘기와 달리기, 간식 끊기, 저녁밥 굶기…. 여러 가지 노력을 해 보았지만, 번번이 헛수고였지요.

"내 눈앞에서 슈퍼 엉덩이 좀 치워라!"

은결이가 계속해서 놀려댔어요. 찬희는 은결이의 눈에 자신의 모습이 보이지 않게 해 달라고 마음속으로 빌었어요. 눈에 보이지 않으면 더 이상 놀림을 받지 않아도 될 테니까요.

이렇게 해 봐요!

친구의 약점을 잡아 흉을 보거나 외모를 가지고 짓궂게 놀려 웃음거리로 만든 적 있나요? 타고난 외모는 그냥 그대로 모두 아름다운 것이랍니다. 덩치가 큰 아이, 얼굴에 주근깨가 있는 아이, 입이 큰 아이, 피부가 까만 아이, 곱슬머리를 가진 아이, 키가 작은 아이…. 모두가 자신의 일부일 뿐이지요.

아울러 공부는 못하지만 개그맨처럼 웃기는 아이, 노래는 못하지만 춤을 잘 추는 아이, 말은 더듬지만 그림을 잘 그리는 아이, 운동은 못하지만 피아노를 잘 치는 아이…. 외모가 다르듯이 잘하는 것도 각기 달라요. 나와 다르다고 해서 차별을 하거나 놀림감으로 삼아서는 안 돼요. 종교, 장애, 나이, 신분, 학력, 성별, 성적 취향, 인종, 생김새, 국적, 나이, 출신, 사상 등 그 어떤 것도 놀림이나 차별의 이유가 되서는 안 됩니다. 여러분도 어떤 이유든 놀림을 받으면 마음이 아플 거예요. 차별은 모든 사람의 마음을 아프게 한답니다.

놀림을 받아서 기분이 나빴던 적이 있나요?

외모나 신체적 특징 때문에 놀림 당하거나 무시를 당한 기억이 있나요? 그때 기분이 어땠는지 생각해 봅시다.

- 아무런 잘못도 안 했는데, 외모만 가지고 놀림을 받아 기분이 나빴지.
- 키가 작다고 내 의견을 무시하는 친구가 미웠어.

폭력에는 어떻게 대처해야 할까요?

보석이는 당번이라서 다른 친구들보다 늦게 교실을 빠져나왔어요. 운동장 한쪽 구석에서 아이들의 목소리가 들렸어요. 가까이 다가가 살펴보니 푸름이와 동주가 있었어요.

"왜 때려!"

"기분 나쁘면 너도 때리면 되잖아. 큭큭큭."

동주가 재미있어 죽겠다는 듯이 낄낄거리면서 말했어요. 말하는 동안에도 축구공을 차듯이 푸름이를 툭툭 걷어찼어요. 보석이의 두 눈이 왕 구슬처럼 커졌어요.

'이런 때를 대비해서 태권도를 열심히 배워 둘걸 그랬어.'

보석이는 동주를 실컷 패 주고 싶었어요. 동주를 무찌르고 푸름이를 구출하고 싶었어요. 태권도 학원을 그만둔 것이 후회되었어요.

'그래도 동주보다 내가 키도 크고 덩치도 크니까 싸워서 이길지도 몰라.'

보석이는 두 주먹을 불끈 쥐고 동주를 향해 달려들었어요.

이렇게 해 봐요!

어떤 부모는 자녀에게 "친구가 너를 때리면 같이 때려. 친구한테 맞고 오면 혼날 줄 알아."라고 가르칩니다. 하지만 폭력에 폭력으로 맞서는 건 좋은 해결 방법이 아니에요. 푸름이를 도와주고 싶은 마음에 보석이가 동주처럼 폭력을 쓰면 어떤 결과가 벌어질까요?

아무리 좋은 의도라도 폭력은 또 다른 폭력을 낳고 문제를 더 키울 뿐이에요. 폭력을 사용하지 않고 친구를 도울 수 있는 방법을 생각해 보세요. 혼자 힘으로 해결하려고 하기보다는 선생님이나 학교 보안관 등 어른들에게 도움을 요청하는 것이 좋아요. 만약 상황이 여의치 않으면, "푸름아, 선생님이 찾으셔. 빨리 선생님께 가 봐."라고 말해 그 자리에서 벗어나도록 도와주세요. 아무리 좋은 의도라도, 폭력은 어떤 경우라도 쓰면 안 된다는 사실을 기억하기 바라요.

폭력을 쓰는 친구를 보며 어떤 생각이 들었는지 떠올려 봅시다.

아무렇지 않게 툭툭 치거나, 장난으로 폭력을 휘두르는 친구가 주위에 있나요? 그런 친구를 보면 어떤 생각이 드나요?

- 장난으로 머리를 툭툭 치는 친구 때문에 기분이 나빴어.
- 때려 주고 싶었는데 그럼 나도 똑같아질 것 같아서 참았어.

친구가 고자질하는 이유는 무엇일까요?

"선생님, 송이가 칠판에 낙서했어요."

"선생님, 하은이가 지각해서 몰래 들어왔어요."

"선생님, 동주가 복도에서 뛰었어요."

"선생님, 찬희가 깍두기 안 먹고 남겼어요."

"선생님, 푸름이가 다른 친구 흉을 봤어요."

"선생님, 하늘이가 쓰레기를 교실 바닥에 버렸어요."

"선생님, 은결이가 코딱지를 파서 책상에 묻혔어요."

"선생님, 동주가 수업시간에 몰래 만화책을 읽었어요."

보라는 고자질 대장입니다. 사소한 일도 선생님께 미주알고주알 일러바쳐요. 그래서 아이들은 보라를 피해 다니지요.

이렇게 해 봐요!

　선생님께 쪼르르 달려가 하나부터 열까지 고자질하는 친구가 있어요. '잘못을 말한 것뿐인데 뭐가 문제지?'라고 생각할 수 있지만, 마구잡이로 고자질하는 건 좋지 않아요. 진심으로 친구의 잘못을 고쳐 주고 싶거나 큰 피해를 일으키는 행동이 아닌데도 무조건 일러바치기만 하면 친구들의 미움을 받거나 따돌림을 당하기 십상이지요.

　그런데 보라는 왜 고자질을 하는 걸까요? 고자질을 많이 하는 아이는 친구들이나 선생님의 관심을 받고 싶어 한다고 해요. 즉, 친구들과 친하게 지내고 싶은데 잘 어울리지 못해 관심을 받으려 심술을 부리는 것이지요. 만약 주변에 보라와 같은 아이가 있다면 가까이 지내 보세요. 친하게 지내는 친구가 많아질수록 서서히 고자질하는 습관이 사라질 거예요. 고자질보다는 친구들을 지켜 주고 싶은 마음이 더 커질 테니까요.

친구의 고자질로 혼났을 때 기분이 어땠나요?

잘못이나 비밀을 친구가 일러바쳐서 기분이 상했던 적이 있나요? 친구가 왜 그런 행동을 했는지 생각해 봅시다.

- 내가 거짓말을 하는 바람에 친구만 혼이 나서 화가 났겠구나.
- 친하게 지내고 싶은데 내가 무시해서 괘씸했나 보다.

괴롭힘당하는 친구를 어떻게 도와줄까요?

"하은이 콧구멍 좀 봐. 기차도 거뜬히 지나갈 수 있을 것 같지 않니?"

쉬는 시간에 은결이가 하은이를 괴롭혔어요. 분한 마음에 하은이가 거친 숨을 쉭쉭 거렸어요. 하은이의 기분은 아랑곳하지 않고 은결이가 계속해서 놀려댔어요.

"벌렁거리는 콧구멍 좀 봐. 완전 고릴라잖아! 혹시 사람의 탈을 쓴 고릴라 아니야?"

은결이가 하은이의 머리카락을 잡아당겼어요. 하은이는 도와달라는 듯 송이를 바라보았어요. 송이는 안타까운 마음이 들었지만 선뜻 나서서 도와줄 용기가 나지 않아 고개를 돌리고 말았어요. 마침내 하은이가 참았던 울음을 터트렸어요.

"흐헝!"

송이는 선생님께 도움을 요청하고 싶은 마음이 굴뚝 같았지만, 고자질쟁이라는 놀림을 받을까 봐 이러지도 저러지도 못하고 발만 동동 굴렸어요.

이렇게 해 봐요!

괴롭힘당하는 친구를 보고도 모르는 척하는 것은 좋은 방법이 아니에요. 입장 바꿔서 생각해 보세요. 괴롭힘을 당하고 있는데 아무도 나를 위해 나서지 않는다면 기분이 어떨까요? 특히 평소에 단짝이라고 생각했던 친구마저 외면한다면 몹시 슬플 거예요.

어려움에 처한 친구를 위기에서 구해 주기 위해서 선생님한테 도움을 청하는 것은 고자질이 아니라 '사실을 알리는 것'이라고 할 수 있어요. "선생님, 은결이가 괴롭혀서 하은이가 울어요. 도와주세요!"라고 말하는 건 고자질이 아니라 사실을 알리는 것이랍니다. 도둑을 보고 경찰에 신고를 하는 것처럼 말이에요. 친구가 괴롭힘을 당할 때 언제든 도움을 주는 든든한 친구가 되어 주세요. 도움을 받은 친구는 평생 고마움을 잊지 않을 거예요.

괴롭힘당하는 친구를 보면서 도와주려고 나서 본 적 있나요?

괴롭힘을 당하는 친구를 보면 어떤 마음이 들었나요? 어떻게 도와줬는지, 도와주지 못했다면 그 이유는 무엇이었는지 떠올려 봅시다.

- 괴롭히는 친구를 혼내주고 싶은데, 차마 무서워서 말릴 수가 없어.
- 왜 가만히 있는 친구를 괴롭히지? 저 애와는 친해지고 싶지 않아.

친구의 부탁을 꼭 다 들어줘야 할까요?

"슬기야, 쓰레기통을 비우러 가는 길인데 같이 가 주면 안 될까?"

슬기가 교실 안으로 들어서자마자 하은이가 부탁을 했어요.

"응, 그래."

슬기는 학교에 도착하면 곧바로 책상 정리를 할 생각이었는데 '나중에 하지 뭐.'라고 생각하면서 하은이의 부탁을 흔쾌히 들어주었어요. 미술 시간이 되자 이번에는 자리를 바꾸어 달라고 했어요.

"슬기야, 자리 좀 바꿔 주면 안 될까? 송이와 친해지고 싶어서 그래. 도와줘."

"응, 그래."

슬기도 송이와 앉는 것이 좋았지만, 하은이의 부탁을 들어주었어요. 점심 시간이 되자 하은이는 당연하다는 듯이 시금치나물을 슬기의 식판에 옮겨 담았어요.

"슬기야, 시금치나물 좀 먹어 줘."

슬기는 막무가내인 하은이의 행동에 화가 치밀었지만 꾹꾹 눌러 참았어요.

이렇게 해 봐요!

　자신이 하기 힘든 일은 거절할 줄 알아야 해요. 마음이 약해서 다른 사람의 부탁을 거절하지 못하면, 많은 일에 시달리게 됩니다. 자신이 원하지 않는 일도 억지로 해야 하고, 상대방의 요구에 밀려서 정작 자신이 해야 할 일을 못 하게 되고, 심지어 자신의 소중한 일상이 무너질 수도 있어요.

　만약 슬기와 같은 입장이라면 "내가 해야 할 일이 있어서 너를 도와줄 수가 없어.", "미안하지만 나도 이 자리가 좋아.", "나도 시금치나물이 싫어. 먹고 싶지 않아."라고 단호하게 거절해야 해요.

　친구가 곁을 떠날까 봐, 친구에게 사랑받고 싶어서 자신을 희생하지 마세요. 일방적으로 한쪽에서 희생을 치러야 하는 친구 관계라면 어차피 오래가지 못해요. 세상에서 가장 소중한 사람은 바로 자기 자신이라는 사실을 기억하세요. 좋은 친구 관계는 함께할 때 행복해야 합니다.

친구의 부탁을 거절하기 힘들어서 곤란했던 경험을 떠올려 봅시다.

친구가 힘들고 곤란한 일을 부탁해서 당혹스러웠던 적 있나요? 그때 기분이 어땠는지 떠올려 봅시다.

- 오늘은 몸이 안 좋아서 점심시간에 쉬고 싶은데, 친구가 놀자고 하면 놀아 줘야 할까?
- 지금 친구 숙제를 도와주면 내 숙제는 언제 하지?

친구의 기분이 좋아지는 말은 무엇일까요?

학예회 날 장기 자랑으로 무엇을 하면 좋을지 학급 회의를 했어요.

"춤과 노래를 하면 좋을 것 같습니다."

동주가 손을 번쩍 들고 말했어요.

"춤과 노래는 다른 반 아이들도 다 하는 거라서 따분해!"

보라가 툴툴거리면서 말했어요.

"재미있는 연극으로 웃음 폭탄을 터트리는 것이 어떨까요?"

푸름이가 의견을 내었어요.

"요즘에 누가 연극을 보냐. 연극은 너무 시시해서 싫어! 연극을 하느니 패션쇼를 하는 것이 백 배 낫지!"

보라가 부루퉁한 얼굴로 툴툴거렸어요.

이렇게 해 봐요!

친구에게 부정적으로 말하는 방식은 피하는 것이 좋아요. 보라처럼 "싫어!", "안 해!", "못해!"처럼 부정적으로 말하는 방식은 상대에게 부정적인 이미지를 심어 줄 뿐만 아니라, 자칫하면 아이들의 미움을 살 수 있어요. 보라의 말을 다음과 같이 바꿔 보면 어떨까요?

"춤과 노래도 좋지만 다른 반 장기자랑과 겹칠 가능성이 큰 것 같아. 그래서 말인데 색다르게 패션쇼를 하는 것은 어떨까?"

같은 의미의 말인데도 좋게 바꾸어 말하니까 전혀 다르게 들리지요. 부정적인 말투는 상대방의 감정을 상하게 하고 화를 돋우지만, 긍정적인 말투는 상대방의 마음을 움직여 내 편으로 만들 수 있어요. 같은 말이라도 말하는 방식에 따라 상대방의 마음의 문을 열 수도 있고, 닫히게 만들 수도 있답니다.

같은 말인데도 기분 좋게 만드는 친구가 있나요?

같은 말인데도, 어떻게 말하느냐에 따라 듣는 사람의 기분이 달라져요. 아래 두 가지 말 중에 기분이 좋아지는 말은 무엇인가요?

- 그날 가족 약속이 있어서 같이 못 놀겠다. 나도 정말 아쉽네.
- 그날 이미 약속이 있는걸? 그걸 이제 물어보면 어떡하니?

친구의 의견을 존중해야 한다고요?

놀이 시간이 되자 찬희네 반 아이들은 느티나무 아래에 모였어요.

"우리 축구 경기할까?"

찬희가 아이들을 향해 물었어요.

"찬희 너는 축구도 못 하면서 설쳐대지 좀 마!"

푸름이가 찬희에게 핀잔을 주었어요. 찬희의 얼굴이 매운 떡볶이를 먹었을 때처럼 빨개졌어요.

"나는 야구가 좋아. 그러니까 야구 경기를 하자!"

푸름이가 주장했어요.

"손을 들어서 다수결로 정하는 것이 어때?"

은결이가 조심스럽게 의견을 내었어요.

"완전 짜증 나! 너희랑 안 놀아!"

아이들이 순순히 자기 의견에 따라 주지 않자 푸름이는 교실로 들어가 버렸어요.

이렇게 해 보요!

　자기 의견을 말하는 것은 중요합니다. 하지만 더 중요한 것은 의견이 다를 때 서로 맞춰 가는 능력이지요. 일방적으로 내 생각만 주장하면 좋은 친구 관계를 맺기 어려워요. 나와 생각이 다르다고 핀잔을 주어서는 안 돼요. 내 생각이 소중한 것처럼, 친구의 생각도 존중할 줄 알아야 해요.

　또, 자기 주장을 받아들이지 않는다고 화를 내거나 토라지는 것은 지혜로운 문제 해결 방법이 아니에요. 어떻게 해야 할지 모르겠고, 말처럼 쉬운 일이 아니라고요? '입장 바꿔 생각하기'를 해 보세요. 입장 바꿔 생각하면 친구가 어떤 기분일지 알게 될 거예요. 친구의 생각과 입장을 신중하게 생각해 본 뒤, 방법을 찾는다면 친구들과 즐거운 시간을 보낼 수 있습니다. 예를 들어 축구를 하고 싶어 하는 찬희의 마음을 헤아려서 "오늘은 축구를 하고, 내일은 야구를 하는 것이 어때?"처럼 의견을 조율하는 것이 좋아요.

친구의 입장을 존중했던 경험을 떠올려 봅시다.

친구와 의견이 다를 때, 내 입장보다 친구의 입장을 존중해 본 적 있나요? 그때 어떤 생각이 들었는지 기억해 봅시다.

- 어제 떡볶이를 먹어서 오늘은 다른 걸 먹고 싶은가 보구나.
- 어제 내가 하고 싶은 걸 했으니 오늘은 친구가 하고 싶은 걸 해야지.

친구에게 내 입장을 잘 설명하려면 어떻게 해야 할까요?

하늘이는 쉬는 시간에 수학 문제를 풀고 있었어요. 갑자기 동주가 수학 공책을 휙 잡아챘어요.

"공부 그만하고, 같이 놀자!"

"싫어. 공책 돌려줘!"

하늘이가 부탁했어요.

"맨날 공부만 하고, 우리랑은 놀아 주지도 않냐?"

동주는 공책을 보석이에게 던졌어요.

"저번 쉬는 시간에 빨리 끝내고 우리랑 논다고 했으면서!"

보석이는 또다시 은결이에게 공책을 던졌어요. 공책이 아이들의 손에서 손으로 옮겨 다녔어요. 하늘이는 공책을 되찾는 걸 포기하고 곧바로 담임 선생님에게 달려가 일러바쳤어요.

"선생님, 쉬는 시간에 학원 숙제를 하고 있었는데 동주가….''

참았던 눈물이 폭포수처럼 쏟아져서 하늘이는 끝내 말을 잇지 못했어요.

이렇게 해 봐요!

사소한 장난에도 상처를 받는 사람이 있어요. 또 친구들이 자기 뜻대로 행동하지 않으면 토라지거나 울음을 터트리는 사람이 있어요. 물론 하늘이의 공책으로 장난치는 친구들의 행동이 지나치다고 생각할 수도 있어요. 하지만 친구들의 마음을 살펴보면, 하늘이와 놀고 싶어서 그런 건데 선생님께 혼이 난다면 몹시 속상할 거예요.

같은 일이 여러 번 반복되면 아무도 하늘이와 놀고 싶어 하지 않을지도 몰라요. 너무 싫으면, 선생님께 이르기 전에 놀기 싫다는 의사를 먼저 분명하게 표현하세요. "나도 너희들과 놀고 싶지만 학원 숙제라 오늘 꼭 끝내야 해서 말이야. 숙제를 끝낼 때까지 너희들끼리 조금만 놀고 있어 줘. 그렇게 해 줄 수 있지?"라고 입장을 설명하면서 친구들을 이해시켜 주세요. 좋은 친구들이라면, 충분히 이해해 줄 거예요.

친구에게 입장을 설명해서 잘 풀린 경험이 있나요?

부탁을 하거나 놀고 싶어 하는 친구에게 입장을 설명해서 잘 넘어간 적 있나요? 어떤 상황이었는지 떠올려 봅시다.

- 미안, 오늘까지 꼭 해야 하는 숙제가 있어서 이것만 끝내고 같이 놀자.
- 부탁을 들어주고 싶지만, 지금은 어려운데 다른 친구에게 부탁하면 어떨까?

무조건 친구의 의견을 따라야 할까요?

"혼자 피아노 학원까지 가기 싫은데 데려다줄 수 있어?"

교문을 나서는데 보라가 슬기의 팔짱을 끼면서 부탁했어요.

"그, 그으…래. 좋아."

슬기는 우물쭈물 대답했어요. 치과 진료를 예약했으니 학교가 끝나는 대로 곧바로 와야 한다는 엄마의 당부가 생각났기 때문이지요. 하지만 보라가 서운할까 봐 말도 못하고 피아노 학원까지 함께 걸었어요.

"출출하지? 바래다줘서 고마워. 매운 떡볶이 먹고 가."

슬기의 대답을 기다리지 않고 보라가 당연하다는 듯이 분식집 안으로 쏙 들어갔어요. 슬기는 매운 음식을 먹으면 배탈이 나요. 화장실을 들락거리면서 이틀은 족히 고생해야 하는데 말이지요.

'나는 핫도그가 먹고 싶어.'

슬기는 목구멍에서 빠져나오려는 말을 꿀꺽 삼켰어요. 하는 수 없이 슬기는 보라를 따라서 매운 떡볶이를 먹었어요.

이렇게 해 보요!

하고 싶은 말은 한마디도 못 하고 상대방 눈치만 보는 사람이 있어요. 자기 의견을 내지 못하고 그림자처럼 상대방이 하자는 대로만 하지요.

'부탁을 거절했다가 외톨이가 되면 어떻게 하지.' 하는 두려움에 휩싸여 사소한 부탁도 거절하지 못하지요. 줏대 없이 끌려다니면서 모든 것을 맞춰 주면 친구가 될 수 있을까요? 늘 상대방이 하자는 대로 끌려다니면, 자주 곤란한 상황에 처할 수 있어요. 서로 싫어하는 음식은 무엇인지, 어떤 생각을 하는지 솔직히 주고받을 수 있어야 좋은 관계가 유지되지요.

하고 싶은 것을 참으면서 상대방의 생각에 맞춰 주다 보면 나중에는 자신이 원하는 것이 무엇인지조차 모르게 됩니다. 좋은 친구가 되기 위해서는 상대방의 생각과 감정만 무조건 따르지 않고 서로서로 존중하는 노력이 필요합니다.

친구에게 의견을 말하기 어려웠던 경험을 떠올려 봅시다.

친구의 눈치를 보느라 의견을 말하지 못했던 적이 있나요? 그럴 때 친구와 노는 게 즐거웠는지 생각해 봅시다.

- 밖에 나가서 놀고 싶었는데 친구에게 차마 말을 못 해서 속상했어.
- 친구가 좋아하는 게임이 재미없었지만, 재미있는 척 해야 했어.

친구와 취향이 꼭 같아야 할까요?

푸름이와 은결이는 집 앞 영화관에서 함께 영화를 보기로 했어요. 푸름이는 은결이에게 보고 싶은 영화가 있는지 물었어요.

"어떤 영화를 보면 좋을까?"

"영화는 공포 영화가 제일이지. 푸름이 너도 그렇게 생각하지?"

은결이가 당연하다는 듯이 푸름이를 향해 물었어요. 자신과 가장 마음이 잘 맞는 친구이기 때문에 푸름이도 당연히 공포 영화를 좋아할 것이라고 생각하는 모양이었어요.

"나는 공포 영화를 보면, 무서워서 밤에 잠을 잘 못 자."

푸름이가 자신이 없는 목소리로 말했어요. 공포 영화를 좋아하는 은결이에게 몹시 미안한 모양이었어요.

"그렇다면…. 공포 영화도 좋지만, 탐정이 나오는 영화도 좋을 것 같아. 푸름아, 탐정 영화는 어때?"

한동안 생각에 잠겨있던 은결이가 다시 의견을 내었어요. 은결이의 말에 푸름이가 활짝 웃으면서 고개를 끄덕였어요.

이렇게 해 보요!

    항상 나와 똑같은 생각을 하는 사람은 없어요. 아무리 마음이 척척 잘 맞는 친구라도 생각과 의견, 취향이 다를 때가 있지요. 지나치게 자기주장만 내세우면 말다툼을 하게 되고 친구와 사이가 멀어질 수 있습니다.

    먼저 상대방의 입장을 헤아려 보세요. 가끔 자기의 주장이나 생각에서 한발 물러나 상대방에게 양보하는 겁니다. 양보는 자기가 낮아지는 것이 아니에요. 남을 먼저 배려하는 것이지요.

    도로 위에서 달리는 자동차들이 서로서로 양보 운전을 했을 때는 사고가 나지 않지만, 한 치의 양보도 없이 쌩쌩 달린다면 충돌 사고가 끊이지 않을 거예요. 양보하면 손해 보는 것 같다고요? 당장은 손해 보는 것처럼 보일 수 있어요. 그러나 친구를 배려하는 따뜻한 마음이 전해져 우정의 싹이 튼튼하게 자라난답니다.

친구와 생각이 달라 곤란했던 적이 있나요?

친구와 의견이 다른데 서로 양보하지 않은 경험이 있나요? 그때 어떤 상황이 벌어졌는지 떠올려 봅시다.

- 친구는 놀이공원에 가자고 했는데, 나는 영화관에 가고 싶어서 싸우다가 결국 아무 데도 가지 못했어.

무심코 뱉은 말 때문에 친구가 상처받는다고요?

"문제가 너무 어렵게 나온 것 같아."

수학 시험이 끝나자 찬희가 울상을 지었어요.

"맞아, 진짜 어려웠어. 시간이 부족해서 세 문제나 못 풀고 답안지를 제출했다니까."

푸름이도 한숨을 폭 내쉬며 말했어요.

"문제가 배배 꼬여서 풀기가 정말 어렵더라."

이마에 맺힌 식은땀을 옷소매로 문지르면서 동주도 의견을 보탰어요. 그때였어요. 한심하다는 표정을 지으면서 보석이가 말했어요.

"어렵기는 뭐가 어려워. 나는 30분 만에 다 풀고 팡팡 놀았는데. 어찌나 쉬운지 눈을 감고도 풀겠더라."

보석이의 말에 아이들은 입을 꾹 다물고 각자 자리로 흩어졌어요.

이렇게 해 봐요!

　보석이처럼 말하면, 아무도 곁에 머물고 싶어 하지 않을 거예요. 물론 보석이에게는 수학 시험이 쉬웠을 수 있어요. 사실대로 말했을 뿐인데 무엇이 문제일까요?

　친구들의 마음을 깊이 이해하지 못하고, 감정을 함께 느끼지 못했기 때문에 빚어진 결과라고 할 수 있지요. 비록 사실이라고 해도 수학 시험을 망쳐서 속상해하는 친구들을 앞에서 보석이가 한 말은 상처 난 곳에 소금을 뿌리는 것과 같아요. 친구들을 무시하는 말이기 때문이지요. 말이란, 입에서 나가는 순간 자기 의도와는 상관없이 대못이 되어 상대방의 심장에 박히기도 합니다.

　'내가 만약 찬희라면 어떤 기분일까?'

　말실수를 줄이려면, 말을 내뱉기 전에 상대방의 입장에서 어떤 마음이 들지 신중하게 생각해 보기 바라요.

**내 마음을 이해하지 못하는 친구 때문에
속상했던 경험을 떠올려 봅시다.**

시험을 망치거나 혼이 나서 우울할 때 내 기분도 몰라주고 자랑하는 친구를 보며 마음이 상했던 적 있나요?

- 엄마한테 혼나서 속상한데, 친구는 엄마한테 칭찬을 받았다며 자랑해서 서운했어.
- 아끼던 연필을 잃어버렸는데, 친구가 덤벙이라고 놀려서 마음이 상했어.

인기 많은 친구처럼 되려면
어떻게 해야 할까요?

몽당연필처럼 작은 키, 하늘 높이 들린 들창코, 쟁반같이 둥글고 커다란 얼굴. 거울을 바라보던 슬기는 한숨을 폭 내쉬었어요.

'나처럼 키도 작고 못생긴 애와 친구 하고 싶은 아이는 아마 한 명도 없을 거야.'

새 학년 첫날, 친구들 사이에서 인기가 많은 아이가 되고 싶은데 이런 외모로는 도저히 불가능할 것 같았어요. 불행하게도 슬기의 예감은 빗나가지 않았어요. 자신감 없이 쉬는 시간 내내 굳은 표정으로 앉아 있었더니, 말을 걸어 주는 친구가 한 명도 없었어요. 같이 점심을 먹을 친구가 없어서 슬기는 결국 점심을 굶었어요. 친구들과 어울려서 맛있게 점심을 먹고 있는 아이들을 보는 슬기의 눈가에 눈물방울이 맺혔어요. 그때 친구들에게 둘러싸인 보라의 모습이 눈에 뜨였어요. 눈물 때문에 흐릿하게 보이기는 해도 슬기의 눈에 비친 보라의 밝은 모습은 자신과 비교할 수 없을 만큼 예뻐 보였어요.

'머리는 돌멩이 같아 보이는데 인기만 있으면 다야?'

슬기의 마음속에서 보라에 대한 질투심이 부글부글 끓어올랐어요.

이렇게 해 봐요!

슬기의 생각대로라면 무조건 외모가 멋지고 예쁜 사람만 인기가 많아야 해요. 과연 그럴까요? 외모가 잘나야만 사람들에게 사랑받을 수 있는 건 아니에요. 친구를 사귀기 위해서는 외모보다 중요한 게 많아요. 외모만 보고 친구를 사귀는 사람은 없을 테니까요.

친구들 사이에서 인기가 많은 사람이 되고 싶다면, 그 사람의 말과 행동을 주의 깊게 살펴보세요. 보통 인기 있는 친구들은 자신감이 넘치고, 항상 친절하며, 웃는 표정으로 친구들을 대한다는 사실을 발견할 수 있을 거예요. 보라도 밝은 표정 때문에 더 예뻐 보였을지도 몰라요. 말과 행동이 외모보다 중요하지요.

인기의 비결을 하나하나 살펴보면서 좋은 점을 배워 보세요. 질투심에 눈이 멀어서 인기 많은 친구를 헐뜯기보다 먼저 다가가 친구가 되는 겁니다. 생각했던 것보다 훨씬 많은 인기 비결을 배울 수 있을 거예요.

인기 많은 친구에게는 어떤 특징이 있을까요?

친구들 사이에서 인기 많은 친구는 어떤 특징이 있나요? 인기 많은 친구에게 닮고 싶다고 생각한 부분은 무엇인지 생각해 봅시다.

- 친구가 힘들 때 옆에서 잘 듣고 위로해 주는 점을 닮고 싶었어.
- 친구는 항상 웃는 얼굴로 친구들을 대해서 보기만 해도 기분 좋아져.

친구에게 화풀이를 한 적 있나요?

준비물을 깜빡하는 바람에 하은이는 선생님께 꾸중을 들었어요.

"아, 짜증 나!"

수업이 끝나고 선생님이 교실을 빠져나가기 바쁘게 신경질을 냈어요.

"하은아, 괜찮아?"

송이가 걱정스러운 얼굴로 물었어요.

"기분 나쁘니까 말 시키지 마!"

하은이의 말에 송이의 눈이 놀란 토끼 눈이 되었어요. 반 아이들이 다 보는 가운데 창피를 당해서인지 금방이라도 눈물이 팡 터질 것만 같았어요. 송이는 눈물을 보이지 않으려고 입술을 꽉 깨물었어요. 점심시간이 되자 하은이는 언제 화를 냈냐는 듯 송이를 붙잡고 하소연을 했어요.

"어젯밤에 준비물 챙겨 놨는데 아침에 깜박했지 뭐야. 송이야, 진짜 어이없지 않아?"

이렇게 해 봐요!

　친구가 걱정되는 마음에서 위로해 주려고 했던 것뿐인데 무안을 당했으니, 송이가 얼마나 억울할지 짐작이 갑니다. 선생님께 꾸중을 들어서 속상한 하은이의 마음은 이해하지만, 그렇다고 다른 사람에게 화풀이하는 것은 바람직하지 않아요. 물론 화를 참으라는 말은 결코 아니에요. 화가 날 때는 참지 말고 화를 내야만 해요. 화를 참아 가면서 마음속 어딘가에 차곡차곡 쌓아 놓으면 언젠가는 '펑!' 하고 폭발하고 말 테니까요.

　화를 낼 때는 어떻게 표현하는지가 중요해요. 자칫하면 주변 사람들에게 상처를 줄 수 있기 때문이지요. 친구는 감정 쓰레기통이 아니에요. 자기 기분대로 툭하면 소리 지르고 화를 낸다면 곁에 남을 친구는 한 명도 없을 거예요. 화를 잘 다스리는 것만으로도 좋은 친구 관계를 유지할 수 있어요.

갑자기 화내는 친구 때문에 당황했던 경험을 떠올려 봅시다.

이유 없이 화를 내는 친구 때문에 당황했던 적 있나요? 그때 어떤 반응을 보였고, 그 후로 친구와 어떻게 지냈는지 기억해 봅시다.

- 갑자기 화를 내는 친구 때문에 놀라서 잠깐 할 말을 잃었어.
- 친구가 화를 내는 바람에 다음에 친구랑 놀 때 서먹했던 기억이 나.

되돌아보기

친구와 오래 잘 지내기 위해 알아 두어야 할 이야기를 잘 읽어 봤나요?
실생활에 어떻게 응용할 수 있는지 되돌아봅시다.

❶ 화장실에 가다가 친한 친구가 다른 아이와 이야기를 주고받으며 환하게 웃는 모습을 보았어요. 서운한 마음이 들 때쯤, 친구와 눈이 마주쳤는데 새로운 친구를 소개해 주겠다며 불러 세웠어요. 어떻게 인사해야 할까요?

❷ 오늘은 엄마가 동생을 데리러 갈 수 없으니, 대신 동생네 반에 들러서 함께 집으로 오라고 했어요. 그런데 같은 반 아이가 자기 집에 놀러 가자는데 어떻게 거절하면 좋을까요?

❸ 친구들과 맛있는 점심을 먹으러 가기로 했어요. 한 친구가 피자를 먹으러 가자고 해요. 어제 저녁으로 피자를 잔뜩 먹었는데, 어떻게 해야 할까요?

❹ 학교가 끝나고 친구들과 놀기로 했어요. 그런데 몸이 아파서 일찍 집에 들어가 쉬고 싶다는 생각이 들었지요. 오늘 함께 놀기로 한 친구에게 오늘 못 놀 것 같다 했더니 불같이 화를 내는 게 아니겠어요? 이럴 때 친구에게 뭐라고 말해야 할까요?

❺ 같은 반에 매번 선생님한테 고자질하는 아이가 있어요. 어제는 급하게 복도를 지나가다가 부딪혀서 미안하다는 말을 못 했는데, 그새 선생님한테 일러서 혼이 났지 뭐예요. 그 친구에게 말을 걸고 싶은데, 뭐라고 해야 할까요?

마음 정리하기

친구와 지내면서 곤란한 상황이 생겼을 때 어떤 마음이 드나요?
스스로 마음을 정리해 적어 보고, 어떤 모습으로 바뀌면 좋을지 생각해 봅시다.

마음 적어 보기

- 친구의 제안을 거절하면 친구가 다음에 놀자는 말을 안 할까 봐 걱정돼.
- 친한 친구가 다른 아이랑 더 친해 보여서 마음이 불안해.
- 아무도 못 봤으면 하는 모습을 친구에게 들켜서 당황스러워.
- 기분이 안 좋을 때 친구가 장난치면 화를 못 참겠어.
- 인기가 많은 친구에게 나도 모르게 자꾸 질투가 나.

마음 바꿔 보기

- 오늘 약속을 다른 날로 미루며 사과를 건네면, 친구가 덜 서운해할 거야.
- 친한 친구가 나 말고 다른 친구와 친하게 지내도 괜찮아. 두루두루 친하면 좋지.
- 창피하지만, 이런 모습도 이해해 주는 친구라서 정말 고마워.
- 내가 기분이 좋은지 안 좋은지 친구는 몰랐을 테니까, 일단은 좋게 말하자.
- 이런 멋진 아이가 내 친구라니 정말 뿌듯하고, 나에게도 친구가 부러워하는 멋진 점이 있을지 몰라.

마음 적어 보기

마음 바꿔 보기

친구와 지내다 보면 다양한 상황에 맞닥트리게 됩니다.
그러면서 친구 사이에 문제가 생기기도 하지요.
친구와 문제가 생겼을 때는 어떻게 풀어야 할까요?

친구가 잘못을 하거나, 친구에게 잘못을 했을 때
해결하는 방법을 함께 알아봅시다.

친구와 오해가 생겼을 때 어떻게 풀까요?

"다음 주에 보라 생일인데, 선물로 뭐가 좋을까?"

송이가 하은이에게 귓속말로 소곤거렸어요.

"보라 필통이 많이 낡았던데 새 필통을 선물하면 좋아할 것 같아."

보라에게 들키지 않으려고 조심하면서 하은이가 귓속말을 했어요.

"아, 왜 필통 생각을 못 했지. 하은이 네 덕분에 고민이 해결되었어. 정말 고마워!"

"도움이 되었다니까 다행이다."

송이는 하은이와 귓속말로 보라 생일 선물에 대한 의견을 주고받았어요. 보라를 기쁘게 해 줄 생각을 하니 가슴속에 풍선이 가득 든 것처럼 부풀었어요. 그때 갑자기 찬물을 끼얹듯이 보라의 목소리가 끼어들었어요.

"둘이서 뭘 그렇게 속닥거려? 내 험담하는 거지? 정말 실망이다!"

당황한 송이와 하은이가 동시에 외쳤어요.

"흉본 것 아니야. 정말이야!"

이렇게 해 봐요!

　상황을 잘 알아보지도 않고 무턱대고 화부터 낸다면 후회할 수 있어요. 상대방에게 이유가 있을 수도 있어요. 자세한 상황을 알아본 뒤 화를 내도 늦지 않습니다. 당장은 화가 나고 몹시 불쾌한 기분이 들어도 얘기를 듣고 나면, 내가 생각했던 상황과 전혀 다를 수 있으니까요.

　무슨 이야기를 나눴는지 잘 알지도 못한 상황에서 버럭 화부터 낸다면 상대방이 몹시 당황스럽겠지요? 우선 마음을 가라앉히고 상대방의 행동을 오해한 것은 아닌지 침착하게 생각해 보세요.

　정말로 험담한 것이라면, 그런 친구와는 어울리지 않는 것이 좋아요. 화가 나고 마음이 상하더라도 표시가 나지 않게 거리를 두는 것이 현명합니다. 험담하는 사람과는 오랜 관계를 지속할 수 없어요. 좋은 친구라면, 서로 믿고 신뢰할 수 있어야 합니다.

친구의 행동을 오해해서 화를 낸 적 있나요?

친구의 마음을 모르고 행동을 오해해 화를 냈던 경험이 있나요? 그때 친구의 기분이 어땠을지 입장을 바꿔 생각해 봅시다.

- 친구가 내 욕을 하는 줄 알고 화를 냈는데, 알고 보니 다른 얘기를 한 거라 미안했어.
- 친구 입장에서는 내가 이유 없이 화를 내서 많이 당황스러웠을 거야.

친구에게 욕을 하는 게
왜 나쁜 걸까요?

"바보, 멍청아!"

동주는 입에 욕을 달고 살아요. 입만 열면, 때와 장소를 가리지 않고 욕설이 튀어나오지요.

"난쟁이, 못난이, 똥자루!"

상대방이 듣기 싫어하는 별명을 붙여서 놀리기까지 해요. 동주가 하는 말을 듣고 있으면 푸름이는 더러운 돼지우리에 갇힌 기분이 들었어요. 욕을 들을 때는 주먹으로 세게 맞았을 때보다도 몸과 마음이 훨씬 더 아픈 것 같았어요. 언제부터인가 아이들이 슬금슬금 동주를 피해 다니기 시작했어요. 그럴수록 동주는 더 수위가 높은 욕으로 아이들을 괴롭혔어요.

"우리 반에서 동주가 사라져 버렸으면 좋겠어."

아이들이 입을 모아 말했어요.

이렇게 해 보요!

　언제부터인가 욕이 유행처럼 퍼지기 시작했어요. 대화에 욕을 섞지 않으면 친구들과 어울리기 힘들다는 이유로 욕을 서슴없이 하는 것 같아요. 다른 한편으로는 '욕하니까 어른스러워 보이지.', '욕하니까 세 보여서 쉽게 못 건들겠지.'와 같은 속마음을 숨기며 어른 흉내를 내기도 하고, 아무도 건들지 못하게 센 척하기 위해서 욕을 사용하기도 하는 것 같아요.

　아무리 또래 문화라고 해도 욕을 먹으면서까지 친하게 지내고 싶은 사람이 있을까요? 욕을 들어서 기분이 좋은 사람은 없을 거예요. 그리고 동주처럼 욕을 입에 달고 살다 보면 습관으로 굳어져요. 자신이 원하지 않는 상황에서도 욕이 튀어나와서 곤란한 일을 겪게 될지도 모르지요. 지나친 욕은 친구 사이를 가로막는 장애물이 될 수도 있어요. 욕도 사람의 마음에 상처를 입히는 폭력이라는 사실을 기억하기 바라요.

욕을 많이 하는 친구를 보면 어떤 생각이 드는지 떠올려 봅시다.

주변에 욕을 많이 하는 친구가 있나요? 혼잣말하거나, 대화하면서 욕을 계속 내뱉는 친구를 보면 어떤 마음이 드는지 생각해 봅시다.

- 습관처럼 욕을 내뱉는 친구의 말을 듣다 보면 기분이 나빠져.
- 어른들 앞에서도 서슴없이 욕을 하는 친구 때문에 당황스러웠어.

친구에게 함부로 장난을 치면 안 된다고요?

슬기는 미술 시간에 해바라기를 색칠하고 있었어요. 물감이 꽃잎 밖으로 나가지 않게 칠하기 위해 정신을 집중했어요.

"쿠왕!"

찬희가 큰소리를 내며 불쑥 슬기의 코앞으로 얼굴을 내밀었어요. 깜짝 놀라서 슬기는 붓을 떨어뜨리고 말았어요. 정성 들여 색칠하고 있던 해바라기 그림을 망치고 말았어요. 슬기는 화가 났지만 싸우기 싫어서 꾹 참았어요. 곧이어 청소 시간이 되었어요. 슬기는 운동장 쪽 두 번째 유리창 청소 담당이었어요. 마른걸레로 슬기가 유리창을 닦고 있을 때였어요.

"피융, 피융!"

찬희가 갑자기 나타나서 유리창을 향해 물총을 쏘기 시작했어요. 깨끗하게 닦아 놓은 유리창에 물방울이 맺혔어요.

"하지 마!"

슬기가 화를 냈지만 아랑곳하지 않고 계속해서 유리창을 향해 물총을 쏘아 댔어요.

이렇게 해 봐요!

친구를 놀리거나 괴롭히는 정도가 지나친 아이들은 친구가 울음을 터트리거나 "하지 마!"라고 말해도 좀처럼 문제의 행동을 멈추려고 하지 않지요. 찬희는 왜 슬기에게 짓궂게 행동하는 것일까요? 상대방을 괴롭히거나 놀리는 친구가 진짜 원하는 것이 무엇인지 살펴봐야 해요. 슬기와 친해지고 싶어 엉뚱한 방법으로 관심을 끄는 것일 수도 있고, 복수심이나 질투심에 그러는 것일 수도 있어요. 이유를 알아야 찬희의 행동을 제대로 바로잡을 수 있고, 상황에 적절하게 대처할 수 있어요.

좋아하는 친구가 생기면 관심을 끌기 위해서 찬희 같은 방법을 쓰는 아이들이 있어요. 하지만 이건 잘못된 방법이랍니다. 슬기는 오히려 찬희를 피하고 싫어하게 될 거예요. 슬기의 입장에서는 찬희의 행동이 괴롭기만 할 테니까요. 좋아하는 친구에게는 좋은 행동을 보여 주세요.

끊임없이 장난을 치는 친구 때문에 힘들었던 적 없나요?

싫어하는 장난을 반복하는 친구 때문에 힘들었던 적 없나요? 그때 친구에게 어떻게 반응했나요? 그때의 마음을 떠올려 봅시다.

- 장난을 치는 친구에게 화냈더니, 오히려 더 심한 장난을 쳤어.
- 저번에 친구를 밀치는 장난을 쳤는데 친구가 갑자기 울음을 터뜨렸어.

잘난 척하면
친구들이 좋아할까요?

"이번 주말에 가족 여행으로 워터파크에 가기로 했어."

책가방을 내려놓기가 바쁘게 푸름이가 들뜬 목소리로 말했어요.

"우와, 좋겠다. 완전 부러워!"

아이들이 푸름이 곁으로 모여들었어요.

"우리 집도 워터파크로 휴가를 가면 얼마나 좋을까. 우리 엄마는 다이어트에 성공하기 전에는 절대로 수영장 근처에 얼씬도 안 할 거래. 내 생각에는 이번 생애에는 워터파크에 발을 담그는 일은 일어나지 않을 것 같아. 우리 엄마가 다이어트에 성공할 것 같지가 않거든…."

은결이가 한숨을 폭 내쉬면서 말했어요. 은결이의 말에 아이들이 와르르 웃음을 터트렸어요.

"너희들 아직 한 번도 워터파크에 못 가봤구나. 거기 열 번도 넘게 다녀왔는데 따분하기만 하던걸. 왜 그런 따분한 곳을 가고 싶어 하는지 모르겠어."

하은이의 말에 하늘을 날던 푸름이의 기분이 땅바닥으로 추락했어요.

이렇게 해 봐요!

초등학생들을 대상으로 한 설문 조사에서 〈가장 사귀고 싶지 않은 친구〉에 '잘난 척하는 아이'가 1위를 차지했다는 기사를 읽은 적이 있어요. 뽐내는 사람을 싫어하는 것은 어른과 아이가 모두 같은가 봅니다.

입만 열었다 하면 자기 자랑을 끝없이 늘어놓는 사람이 있어요. 이런 사람은 상대방을 짜증나게 하면서 좋지 못한 인상을 남길 수 있어요. 잘난 척하는 사람과 계속 대화를 이어 가고 싶은 사람은 아마 드물 거예요. 하은이의 행동은 친구들에게 잘난 척하는 것으로 보일 수 있어요. 하은이처럼 너무 자기 생각에 빠져서 다른 사람의 입장을 생각하지 않고 자기 할 말만 하다 보면 외톨이가 될 수 있어요.

반면에 〈가장 사귀고 싶은 친구〉로는 '착한 아이'가 1위를 차지했다고 합니다. 친구를 많이 만들고 싶다면 잘난 척 NO! 착한 행동 YES!

계속 자랑을 하는 친구 때문에 속상했던 적이 없는지 생각해 봅시다.

입만 열면 자기 자랑을 하는 친구가 있어요. 그 친구 곁에 있을 때 어떤 기분이 들었나요? 친구가 왜 자랑을 하는지 생각해 봅시다.

- 별거 아닌 걸로 계속 자랑하는 친구 때문에 대화도 이어지지 않고 재미가 없었어.
- 친구가 성적에 자신이 없어서 매일 다른 걸 자랑했던 것 같아.

힘을 쓰거나 협박을 해서 친구를 사귈 수 있을까요?

"지금 당장 아파트 놀이터로 나와라!"

"왜?"

"왜라니, 너하고 축구 경기하려고 그러지."

"곧 있으면 저녁 먹을 시간이라서 지금은 나갈 수가 없어."

"놀이터에서 기다릴 테니까 곧장 나와. 안 나오면 내일 학교에서 가만두지 않을 거야!"

하늘이가 싫다고 하는데도 동주가 계속 협박을 했어요. 하늘이는 하는 수 없이 옷을 챙겨 입고 몰래 놀이터로 나갔어요.

"내가 공을 찰 테니까, 넌 골키퍼 해!"

동주가 명령하듯이 말했어요. 하늘이는 아무 말도 못 하고 풀이 죽은 얼굴로 골문을 지켰어요.

이렇게 해 봐요!

　온순한 성격을 가진 친구를 부하처럼 부리는 아이가 있어요. 자기 의사 표현이 서툰 아이들은 아무 말도 못 하고 그대로 따라 주고는 하지요. 상대방에게 주눅이 들거나 불편한 관계가 되고 따돌림을 당할까 봐 말이에요.

　하지만 계속 강요나 요구를 들어주어서는 안 돼요. 상대방의 말과 태도에 기분이 나쁘면 나쁘다고 말해야 해요. 하기 싫은 것은 하지 않겠다고 단호하게 표현해야 하지요.

　친구 관계는 서로 동등할 때 형성되는 거예요. 힘이 있다고 해서 친구를 마음대로 조종하려 하고, 내 생각만 강요한다면 거짓 친구들로 득실거릴 거예요. 좋아해서가 아니라 무서워서 나한테 잘해 주는 것이지요. 나를 무서워하는 친구가 많아지는 것이 좋은지, 좋아하는 친구가 많아지는 것이 좋은지 깊이 생각해 보세요. 올바른 친구 관계란, 상대방의 입장을 배려하고 서로 존중하면서 함께 웃을 수 있어야 합니다.

모든 걸 힘으로 해결하는 친구를 볼 때 어떤 기분이 드나요?

모든 일을 힘으로 해결하려는 친구가 있어요. 자신의 잘못까지도 힘으로 덮으려 하지요. 그런 친구와 함께 놀 때 어떤 기분이 드나요?

- 친구와 놀 때 자기가 하고 싶은 것만 힘으로 강요해서 재미가 없었어.
- 친구가 잘못했는데 우겨서 어쩔 수 없이 넘어갔어.

뒷담화를 하는 친구에게 무조건 맞장구쳐야 할까요?

"슬기가 입고 있는 옷 너무 촌스럽지 않니?"
보라가 송이의 귀에 대고 속삭였어요.
"…."
송이는 잠자코 듣기만 했어요.
"공부도 못하는 애가 잘난 척하는 꼴 좀 봐."
보라가 계속 슬기에 대한 험담을 늘어놓았어요. 아마도 두 사람 사이에 다툼이 있었던 모양이에요.
"내가 보기에는 괜찮아 보이는데…. 너 혹시 슬기랑 싸워서 그런 거야?"
송이가 조심스럽게 의견을 말했어요.
"네가 내 친구라면 그런 건 상관없이 무조건 내 편을 들어줘야 하는 거 아니야! 너한테 정말 실망이다. 지금 이 시간부터 절교야!"

이렇게 해 보요!

　친한 친구가 다른 아이의 흉을 볼 때 내 의견을 솔직하게 말하는 것은 쉽지 않지요. 그렇다고 친구의 기분을 맞춰 주기 위해 덩달아 험담을 하는 것은 옳지 않아요. 괴롭히거나 따돌리려고 일부러 못되게 구는 경우라면 더더욱 그렇겠지요? 이런 상황에서는 한 발 빼는 것도 좋은 방법입니다. 마음에 없는 험담을 하지 않아도 되고, 상대방의 편을 든다는 불필요한 오해도 받지 않을 수 있습니다.

　친한 사이라고 해서 생각이나 의견까지 모두 똑같아야 하는 것은 아니랍니다. 친하다는 이유로 자기 생각을 강요하는 것은 바람직한 행동이 아니에요. 자신과 생각이 다르다고 해서 '너랑 절교야!'라고 으름장을 놓는 것은 어리석은 태도라고 할 수 있어요. 보라처럼 삐뚤어진 마음을 가지면 좋은 친구를 만들기 어렵습니다. 좋은 친구를 사귀려면, 좋은 마음가짐을 가져야 해요.

뒤에서 다른 아이의 흉을 보는 친구 때문에 곤란했던 적이 있나요?

좋아하는 친구의 흉을 본다든가, 심한 험담 때문에 곤란했던 경험이 있나요? 그때 어떻게 대답했는지 떠올려 봅시다.

- 아마 너도 더 이야기를 나눠 보면 친하게 지낼 수 있을 거야.
- 나도 마음에 들지 않지만, 그런 심한 말은 안 하는 게 어떨까?

친구와 어떻게 인사하면 좋을까요?

송이는 오늘 보라랑 더 친해져야지 생각하며 학교에 갔어요. 보라를 처음 본 순간부터 친해지고 싶은 마음이 간절했어요. 운이 좋게도 교문 앞에서 보라를 만났어요.

"보라야, 안녕?"

반가운 마음에 먼저 인사했는데, 보라가 본체만체 쌩하니 가버렸어요.

'설마 내가 마음에 들지 않는 걸까? 보라가 나한테 섭섭한 일이 있어서 대꾸도 없이 그냥 가 버린 것은 아닐까?'

송이는 곰곰이 생각해 봤어요.

'내가 무슨 잘못을 한 것일까?' 영상의 [뒤로 감기] 버튼을 눌렀을 때처럼 어제 보라에게 했던 말과 행동에 대해 되짚어 보았어요. 하지만, 해답을 찾을 수 없었어요.

'보라와 친구 사이가 깨지면 어쩌지?'

보라에게 말을 걸고 싶지만 용기가 나지 않았어요.

이렇게 해 보요!

친구에게 반갑게 인사했는데 무시당한 적이 있나요? 매일 하는 인사는 친구 사이를 이어 주는 징검다리와 같아요. 좋아하는 친구가 있다면 만났을 때 "안녕!", 헤어질 때 "잘 가!"라고 먼저 인사해 보세요. 짧은 말이지만 인사를 주고받으면서 대화가 시작된답니다.

송이처럼 인사를 건넸는데 친구가 본체만체 지나쳤을 때는 어떻게 하면 좋을까요? 가장 좋은 방법은 보라에게 물어보는 거예요. 화장실이 급했거나 빨리 가느라 보지 못했을 수도 있으니까요.

인사는 사람과 사람 사이에 가장 기본적인 예절이기 때문에 습관을 들이는 것이 좋아요. 인사를 할 때는 밝은 표정으로 친구와 눈을 맞추면서 알아들을 수 있도록 분명한 목소리로 말해야 해요. 친구가 너무 멀리 있다면, 친구를 향해 손을 크게 흔들어 주세요.

친구가 인사를 받아 주지 않아서 서운했던 경험을 떠올려 봅시다.

친구에게 반갑게 인사했는데, 무시하고 지나가서 서운했던 적이 있나요? 친구가 왜 인사를 무시하고 지나갔는지 생각해 봅시다.

- 친구가 화난 줄 알았는데, 알고 보니 약속 시간에 늦어 빨리 가느라 못 봤다고 했어.
- 나도 친구가 인사한 줄도 모르고 지나친 적이 있어.

친구에게 질투가 난다면 어떻게 해야 할까요?

여자아이들 인기투표에서 푸름이가 1등을 했다는 소문이 쫙 퍼졌어요. 찬희는 여자아이들이 푸름이를 왜 좋아하는지 도무지 이해가 가지 않았어요.

"얌전이처럼 생긴 애가 뭐가 좋다고, 쳇!"

점심시간이 되자 푸름이가 먼저 말을 걸었어요.

"축구 같이 할래?"

"너랑은 축구 하기 싫어!"

찬희는 딱 잘라 말했어요. 푸름이는 다른 아이들과 축구를 했어요. 얌전이처럼 생긴 겉모습과는 다르게 푸름이는 몸놀림이 민첩했어요. 반에서 푸름이만큼 축구를 잘하는 아이는 없을 거예요. 축구를 좋아하는 찬희는 푸름이와 축구를 하고 싶은 마음이 점점 커졌어요.

'푸름이 같은 애랑은 절대로 안 놀 거야!'

찬희는 마음속으로 다짐하면서 고개를 저었어요. 사실 찬희는 푸름이를 보면 자신의 몸이 더 뚱뚱하게 생각되고, 얼굴도 못난이처럼 보이는 것 같아서 피하는 것이었어요.

이렇게 해 보요!

　세상에 나보다 잘난 사람만 있는 것처럼 느껴지는 때가 있어요. 혹시 시시때때로 다른 사람과 비교하면서 자신의 못난 점만 찾고 있지는 않나요? 자신의 좋은 점은 보지 않고 마음에 안 드는 부분만 신경 쓰다 보면 점점 더 자기 자신이 마음에 안 들고 마음까지 비뚤어지지요.

　외모는 중요하지 않아요. 단정한 옷차림만 갖춘다면 충분하지요. 자신이 잘하는 일이나 좋아하는 일에 더 신경 쓰는 걸 추천합니다. 어떤 일을 열심히 해서 성취하고 나면, 자신이 멋지고 사랑스럽게 보일 거예요. 스스로 자기 자신을 사랑해야 상대방도 사랑스럽게 바라봐 준답니다.

　"이게 바로 나야!"

　있는 그대로의 모습을 자신 있게 드러내 보이세요. 분명히 있는 그대로의 모습을 좋아해 주는 친구가 나타날 거예요.

친구를 질투했을 때 어떤 마음이 들었나요?

친한 친구라도 어느 순간 질투 나는 순간이 있어요. 친구를 질투할 때 행복했나요? 그때의 기분이 어땠는지 떠올려 봅시다.

- 선생님에게 칭찬받는 친구를 질투하는 동안, 오히려 내 마음이 힘들었어.
- 친구를 질투하고 난 뒤, 별거 아닌 일로 왜 그랬을까 후회했어.

친구가 화를 낼 때 어떻게 대처해야 할까요?

"왜 아직도 안 와?"

보라가 전화를 받자마자 찬희가 다짜고짜 따져 물었어요.

"안 오냐니? 지금 약속 시간에 맞춰서 나가려고 준비하는 중이야."

보라는 찬희의 행동에 화가 치밀어 올랐지만 꾹 참고 대답했어요.

"아홉 시까지 만나기로 약속해 놓고 지금까지 준비하고 있으면 어떻게 해?"

찬희가 화난 목소리로 말했어요.

"언제 그랬어. 어제 분명히 열 시에 만나기로 약속 했잖아."

보라는 어리둥절했어요. 분명히 열 시로 약속을 정했는데, 아홉 시라며 박박 우기며 화를 내는 찬희의 행동에 어이가 없었어요.

"됐어. 오늘 약속 없던 것으로 하자. 집에 갈거야."

딸깍! 보라의 말을 끝까지 들어보지도 않고 찬희가 전화를 뚝 끊었어요.

이렇게 해 봐요!

　친구끼리는 다투고, 화해하면서 우정이 돈독해진다고 합니다. 실수하기도 하고, 의견이 달라 싸울 수도 있지요. 줄다리기하듯 서로 자기 생각만 옳다고 주장하다가는, 줄이 팽팽해져서 결국 '툭!' 끊어져 버릴 거예요. 끊어진 줄을 이으려면 많은 시간과 노력이 필요하지요.

　때로는 친구끼리 잘잘못을 가늠하기 힘들 때가 있어요. 내 말만 옳다고 생각하는 경우에 더욱 그렇지요. 의견 충돌이 있을 때는 친구의 말을 끝까지 들어주세요. 그다음 자기 생각을 침착하게 이야기합니다. 대화를 통해 상대방의 속상한 마음에 공감해 주도록 노력해 보세요.

　"뭐, 그럴 수도 있지. 기다리고 있을 테니까 되도록 빨리 나와 줘."

　티격태격 다툰다고 해서 결과가 달라지지 않는 일이라면, 한발 양보하는 것도 좋은 방법입니다.

친구와 의견 충돌을 겪었던 적이 없나요?

아무리 친한 친구여도, 의견이 매번 같을 수는 없지요. 친구와 의견 충돌을 겪었을 때 어떻게 해결했는지 떠올려 봅시다.

- 약속 시간이 헷갈렸을 수도 있어. 뭐하면서 기다릴지 생각해 볼까?
- 네 말도 일리가 있는 것 같아. 그럼 어떻게 맞춰 갈지 생각해 보자.

친구에게 화가 날 때 어떻게 표현할까요?

푸름이는 국어 시간에 동주가 재채기를 할까 말까 근질근질한 표정을 우연히 보게 되었어요. 그 모습이 너무나 우스워서 자신도 모르게 픽 웃고 말았어요. 그 순간 동주와 눈이 딱 마주쳤어요. 동주는 가만두지 않겠다는 듯이 푸름이를 향해 커다란 주먹을 흔들어 보였어요.

"띠리리리~."

쉬는 시간을 알리는 종소리가 울리고 선생님이 교실을 빠져나가자마자 기다렸다는 듯이 동주가 용수철처럼 자리에서 벌떡 일어나 푸름이에게 다가왔어요.

"너 국어 시간에 나를 비웃은 것 맞지? 퍽!"

뭐라고 변명할 틈도 주지 않고, 동주의 매서운 주먹이 푸름이의 배에 꽂혔어요. 푸름이는 배를 움켜잡으면서 데굴데굴 굴렀어요. 너무나 아파서 울음소리조차 낼 수가 없었지요.

이렇게 해 봐요!

화를 행동으로 거칠게 표현하는 사람은 친구들과 어울리기 쉽지 않아요. 감정을 다스리는 능력이 떨어져도 바로잡으려고 노력하면 충분히 고칠 수 있어요. 친구들과 놀다가 문제가 생겨서 화가 치밀어 오르거나 흥분할 일이 생기면, 천천히 공기를 깊이 들이마셨다가 내쉬었다 하면서 마음이 가라앉도록 노력해 보세요. 그리고 아래 1단계부터 5단계까지 차근차근 따라 해 보세요.

- 1단계: 친구들이 없는 곳으로 자리를 옮겨 마음을 가라앉힌다.
- 2단계: 마음이 가라앉으면, 다시 친구들이 있는 곳으로 가서 어떤 문제 때문에 화가 났는지 차근차근 설명한다.
- 3단계: 문제에 대한 자기 의견을 솔직하게 말한다.
- 4단계: 친구들의 의견도 귀 기울여 들어 준다.
- 5단계: 서로 생각을 알았으면, 문제 해결 방법에 대해 의견을 주고받는다.

친구에게 거칠게 행동해서 싸운 적이 없는지 떠올려 봅시다.

나도 모르게 화가 나서 친구에게 거칠게 행동한 적 없나요? 그때 친구가 기분 나빠 하고 싸움이 붙지는 않았는지 기억해 봅시다.

- 화가 나서 친구를 밀쳤는데, 친구도 화가 나서 몸싸움이 벌어지고 말았어.
- 친구가 나를 놀려서 나도 모르게 주먹이 나갔는데, 나중에 후회가 됐어.

순간의 실수로 친구의 물건을 훔쳤다면 어떻게 할까요?

하은이는 슬기네 집에 놀러 갔어요.

"이번 생일에 선물로 받은 거야."

슬기가 반짝거리는 곰돌이 모양 머리핀을 자랑했어요. 까만 눈동자, 동글동글한 코, 쫑긋한 귀…. 하은이는 머리핀을 보자마자 마음을 빼앗기고 말았어요.

"잠깐 기다려. 마실 것 좀 챙겨 올게."

슬기가 방을 나간 사이, 하은이는 자기도 모르게 머리핀을 주머니에 넣었어요.

"슬기야, 오늘은 그만 집에 가 봐야 할 것 같아. 다음에 놀자."

허겁지겁 슬기네 집에서 빠져나왔어요. 아무것도 모르는 슬기가 어리둥절한 표정으로 하은이를 향해 손을 흔들었어요. 집으로 돌아오면서 하은이는 후회가 되었어요. 머리핀을 볼 때마다 선인장 가시로 찌르는 것처럼 심장이 따끔거렸어요. 되돌려주고 싶지만, 슬기가 나쁜 소문을 퍼트릴까 봐 걱정이 되었어요.

이렇게 해 봐요!

하은이는 잘못된 행동에 대해 깨닫고 죄책감을 느끼지만 차마 물건을 되돌려 주지 못합니다. 슬기가 자신에 대해 나쁜 소문을 퍼트릴까 봐 걱정되기 때문입니다. 사실 하은이의 행동은 자연스러운 성장 과정이에요. 어린 나이에는 통제력이 자리 잡히지 않아서 갖고 싶은 물건을 보면 마음을 억누르기가 힘들지요. 하지만 자연스러운 성장 과정이라고 해서 반복해서는 안 되는 행동이랍니다.

반대로 친구가 훔친 물건을 용기를 내서 되돌려 준다면 화내거나 비난하지 말고 친구의 이야기를 끝까지 들어 주세요. 그런 다음 "부끄럽고 힘들었을 텐데 용기를 내 줘서 고마워."라고 이야기해 주세요. '도둑'이라는 소문을 퍼트려 친구에게 수치심을 안겨 준다면 친구는 한순간의 실수로 소중한 많은 걸 잃게 될 수도 있어요.

친구의 물건을 본 후 가지고 싶었던 적이 있나요?

친구가 탐나는 물건을 가지고 있을 때, 어떤 마음이 들었나요? 친구의 물건을 몰래 가져오는 행동이 왜 나쁜지 생각해 봅시다.

- 소중한 물건을 잃어버려서 속상할 친구를 생각하면 물건을 몰래 가져와서는 안 돼.
- 가지고 싶은 모든 걸 다 가질 수는 없으니, 포기할 줄도 알아야 해.

잘못을 저지른 친구에게 어떤 말을 건넬까요?

점심시간에 찬희가 허락도 받지 않고 푸름이의 축구공을 가져갔어요. 푸름이는 그런 줄도 모르고 축구공을 찾다가 운동장에서 아이들이 축구하는 모습을 보았어요. 푸름이는 한눈에 축구공을 알아볼 수 있었지요. 화가 난 푸름이는 곧바로 운동장으로 달려 나가 축구공을 빼앗았어요.

"야 이 도둑들아! 내 축구공 내놔!"

찬희가 앞으로 나서면서 매몰차게 말했어요.

"점심시간이 끝나면 말하고 돌려주려고 했단 말이야. 미안하긴 하지만, 친구 사이에 겨우 이런 걸로 불같이 화를 내냐? 계속 화내면 이번 주 토요일 내 생일 파티에 초대한 거 취소야!"

푸름이는 마음이 갈팡질팡했어요. 찬희의 행동에 대해서 화가 나는 마음과 생일 파티에 가고 싶은 마음이 오락가락 시소를 탔어요. 푸름이는 어떻게 해야 할지 몰라 동상처럼 그 자리에 서 있었어요. 주인 허락도 받지 않고 제멋대로 축구공을 가져간 찬희가 밉기도 하고, 버럭 화부터 낸 자신의 행동에 후회가 되기도 했어요.

이렇게 해 봐요!

　내 것이 아닌 물건을 만질 때는 반드시 주인의 허락을 받아야 해요. 그런데 먼저 잘못한 쪽은 찬희이지만 "도둑들아!"라고 말했을 때 사과를 받기는커녕, 오히려 반항심만 불러일으켰지요. 그 이유는 무엇일까요? 바로 명령적인 말투 때문입니다. 이런 상황에서는 다음과 같이 이야기해 보세요.

　"축구공이 없어진 줄 알고 걱정했잖아. 앞으로는 먼저 빌려 달라고 말했으면 좋겠다."

　아마 찬희에게 들었던 대답과는 다른 대답을 듣게 될 거예요.

　친구 사이에는 명령형의 말투보다는 "~해 주면 좋겠어." 같은 청유형의 말투가 좋은 인상을 줍니다. 명령형의 말투는 사람을 등 돌리게 만드는 반면에 청유형의 말투는 상대방을 끌어당기는 힘이 있답니다.

친구가 잘못했을 때 화를 냈던 경험을 떠올려 봅시다.

친구가 잘못했을 때 화를 낸 적 있나요? 그때 친구의 반응이 어땠나요? 만약에 화를 내지 않았다면 어떤 결과가 나왔을까요?

- 그때 친구에게 좀 더 따뜻하게 말했으면, 친구와 사이가 멀어지지 않았을 텐데.
- 친구에게 감정적으로 화를 내면서, 하지 말아야 할 말까지 해 버렸어.

친구와 싸우고 나서 어떻게 화해할까요?

수학 쪽지 시험을 치른 후, 선생님이 짝꿍과 시험지를 바꿔서 채점하라고 했어요. 짝꿍 찬희에게서 40점 맞은 시험지를 돌려받은 하은이는 창피해서 얼굴이 빨개졌어요.

"걱정하지 마. 소문내지 않을게."

찬희의 말이 너무나 고마워서 하은이는 하마터면 눈물이 팡 터지려는 것을 가까스로 참았어요.

"이건 비밀인데, 하은이 수학 쪽지 시험 40점 맞았다. 진짜 바보 아니냐. 하하하!"

하은이는 복도에서 찬희가 친구들에게 큰 소리로 떠드는 소리를 듣고 말았어요. 하은이는 찬희에게 달려가 쏘아보면서 말했어요.

"너처럼 입이 가벼운 애는 처음 본다. 나는 너 지난 번에 수돗가에서 몰래 새치기한 것 비밀로 해 줬는데! 앞으로 나한테 말 걸지 마!"

그날 이후로 하은이와 찬희는 서로 말을 안 하고 있어요.

이렇게 해 봐요!

한 공간에서 함께 생활하다 보면 다툼이 생기기 마련입니다. 언제 어디서나 다툼은 일어날 수 있어요. 하은이 입장에서는 화가 나는 마음에 먼저 화해의 손길을 내밀기가 쉽지 않을 거예요. 찬희 역시 '겨우 그만한 일에 내가 왜 사과를 해야 하지.'라며 자존심이 상하기도 하고, 비밀을 지키지 못하고 웃음거리로 만든 것에 미안한 마음이 들 거예요.

비가 온 후 땅이 굳듯이 다투고 난 뒤에 어떻게 하느냐에 따라 사이가 더 좋아질 수도 있어요. '쟤가 더 잘못했는데?'라며 누가 더 잘못했나 따지려 들지 말고, 진심으로 먼저 사과해 보세요. 내가 먼저 손을 내밀면, 친구도 똑같이 사과하려는 마음이 들 거예요. 시간이 길어지면 사과하기가 더 어색해질지도 모릅니다. 먼저 화해의 손길을 내미는 사람이 더 멋진 사람이랍니다.

친구와 싸우고 먼저 사과했던 적이 있나요?

친구와 다투고 나서 먼저 화해의 손길을 내밀어 본 적 있나요? 그때 마음이 어땠는지 생각해 봅시다.

- 친구에게 사과하는 게 자존심 상했었는데, 막상 화해하고 나니까 기분이 좋았어.
- 먼저 사과해 준 친구에게 고마운 마음이 들어서 나도 함께 사과했어.

친구와 오해가 생겼을 때 어떻게 풀까요?

　보석이가 교실로 들어가자 은결이와 찬희가 귓속말을 나누다가 보석이를 발견하고 멈칫하는 것이 보였어요. 보석이가 가까이 다가가자 은결이와 찬희는 아무 일도 없었다는 듯이 시치미를 뚝 떼며 축구 이야기를 나누었지요. 다른 이야기를 하고 있었느냐고 물어도 아니라고만 했어요.
　'혹시 내 흉을 본 것이 아닐까?'
　친구들이 제 흉을 본 것 같아 보석이는 아침부터 몹시 기분이 나빴어요.
　'내 흉을 본 것이 맞는지 물어볼까?'
　'선생님한테 일러바칠까?'
　'싸워야 하나?'
　'나도 똑같이 갚아 줄까?'
　'죽도록 패 줄까?'
　속상한 마음에 혼자 별별 생각이 다 들었어요.

> **이렇게 해 봐요!**

    친한 친구들이 내 흉을 보는 듯한 광경을 목격한다면 몹시 속상할 거예요. 배신감도 들고 화가 용암처럼 부글부글 끓어넘칠 거예요. 그렇다고 "내 흉본 것 맞지!" 하고 물어보았다가 아니라고 하면 우스워지고, 괜히 기분을 상하게 해서 관계가 멀어질까 봐 이러지도 저러지도 못하지요.

    이럴 때는 혼자서 끙끙 속앓이하지 말고 "아까 무슨 이야기를 하는 중이었어?"하고 물어보세요. 정확한 근거도 없이 짐작만 하고 상대방을 의심하면 의심은 의심을 낳고, 또 다른 의심을 낳고…. 급기야 산더미처럼 불어나서 화산이 폭발하듯이 '펑!' 하고 화가 터질 수 있어요.

    "사실은 고민 상담하고 있었어. 찬희도 비슷한 고민이 있었다고 해서…."

    전혀 뜻밖의 말을 들을 수도 있어요. 자기만의 생각에 빠지기보다는 직접 물어보는 것이 현명해요.

친구를 의심해 본 적 없는지 떠올려 봅시다.

친구가 내 흉을 보고 다니는 건 아닌지 의심하고 오해한 적 없나요? 그때 마음이 어땠나요? 의심을 어떻게 풀었는지 생각해 봅시다.

- 친구에게 솔직하게 물어봤더니, 쉽게 오해를 풀 수 있었어.
- 혼자 친구를 의심하느라 마음이 불편했는데, 오해를 풀고 나니 마음이 가벼워졌어.

단체 채팅방에서 뒷담화를 나누어도 괜찮을까요?

"띵동!"

슬기의 스마트폰 알림이 울렸어요.

✉ 하은 님이 슬기 님을 채팅방에 초대했습니다.

카톡 단체 채팅방에서 온 초대장이었어요. 슬기가 채팅방에 들어가자 벌써 열 명이 넘는 아이들이 와글와글 모여 있었어요.

💬 애들아, 보라 너무 짜증 나지 않니?
💬 맞아! 예쁜 척, 잘난 척 왕재수 없어.
💬 우리 반에서 사라져 버렸으면 좋겠어.
💬 오늘 보라가 입은 옷 정말 후졌더라.

단체 채팅방은 온통 보라에 대한 안 좋은 말들로 넘쳐 나고 있었어요.

이렇게 해 보요!

자동차끼리 안전거리를 유지해야 충돌 사고를 막을 수 있듯이 친구 사이에도 안전거리를 유지해야 해요. 뒤에서 험담하는 친구와 다른 친구를 험담하는 일에 덩달아 열을 올리다가 나중에 입장이 바뀌어 그 친구들이 나를 험담하는 상황에 처할 수도 있어요.

처음에는 험담하는 친구와 맞장구를 치는 것이 재미있을지 모릅니다. 하지만, 버릇처럼 뒤에서 남을 험담하는 사람과 오랫동안 친구로 지내다 보면 자신도 모르는 사이에 좋지 못한 습관이 몸에 밸 수도 있어요.

"친구가 없는 곳에서 험담하는 건 옳지 못한 행동이라고 생각해. 불만이 있으면 직접 말하고 풀면 좋잖아."

단호하게 의사를 밝히거나 조용히 곧바로 채팅방에서 빠져나오는 것이 현명합니다. 채팅방에서 주고받은 대화 때문에 곤란한 상황에 빠질 수도 있어요.

단체 채팅방에서 험담한 적이 없는지 떠올려 봅시다.

친구들끼리 단체 채팅방에서 다른 친구를 흉본 적이 있나요? 그 채팅 내용을 친구가 봤다면 어떤 기분이 들었을지 생각해 봅시다.

- 단체 채팅방에서 친구를 흉보고, 다음날 그 친구를 만났는데 마음이 불편했어.
- 만약 나를 그렇게 흉봤다면, 너무 속상하고 기분이 안 좋을 것 같아.

온라인의 따돌림도 진짜 따돌림과 같다고요?

"띵동, 띵동, 띵동, 띵동, 띵동…."

같은 반 친구들이 보라를 단체 채팅방에 초대한다는 알림 문자가 뜨고 쉼 없이 알림이 울렸어요. 반에 무슨 일이 생긴 모양이었어요. 보라는 부리나케 채팅방에 입장했어요.

😐 드디어 거짓말쟁이가 입장하셨군.
😠 남보라 너, 미술대회에서 대상 받은 그림 사실은 미술 학원 선생님이 그려 준 것이라면서? 어쩜 그렇게 감쪽같이 우리를 속일 수 있어?

보라는 사실이 아니라고 말했어요.

😣 내가 직접 그린 그림 맞아!
😏 남보라는 입만 열었다 하면, 거짓말 자판기처럼 거짓말이 술술 나오나 봐.

놀림과 비아냥거림을 견디다 못한 보라는 채팅방을 빠져나왔어요.

😐 어딜 나가!

계속해서 채팅방 초대 알림이 울려댔어요.

이렇게 해 봐요!

　현실에서 친구를 따돌리고 괴롭히는 것처럼 온라인 세상에서도 폭력이 이루어져요. 진짜로 때리는 것도 아닌데 무슨 폭력이냐고요? 놀리고 괴롭힐 목적으로 채팅방에 계속 초대하거나 거짓 소문을 퍼트리는 것도 온라인 폭력에 해당한답니다. 특정한 문자나 사진을 같은 사람에게 반복적으로 보내는 것도 마찬가지예요.

　폭력은 괴롭히는 사람만 웃을 뿐, 당하는 사람은 재미가 없어요. 상대방이 괴로워하면서 그만두라는 의사 표현을 했는데도 멈추지 않는 것도 폭력이에요. 아울러 장난으로 보낸 카톡일지라도 온라인에서는 10년, 20년, 30년…. 어쩌면 영원히 기록으로 남아 나중에 크게 후회할 수 있어요. 온라인에서 아무 생각없이 쉽게 저지른 잘못들이 영원히 나를 따라다닐 거라는 사실을 꼭 기억하기 바라요.

온라인에서 따돌림을 경험한 적 있는지 떠올려 봅시다.

온라인 폭력을 경험한 적 있나요? 기분 나쁜 댓글이나 대화 내용을 보고 어떤 생각이 들었는지 기억해 봅시다.

- SNS에 친구가 안 좋은 댓글을 달아서, 다른 사람들이 볼까 봐 너무 기분이 상했어.
- 친구들이 단체 채팅방에서 갑자기 나한테 안 좋은 소리를 퍼부어서 속상했어.

게임에 빠지면
소중한 친구를 잃을 수 있다고요?

"하늘아, 공원으로 자전거 타러 가자."

일요일 날 보석이가 찾아왔어요.

"그래, 날씨도 좋은데 종일 방에서 컴퓨터만 하지 말고 밖에 나가서 놀다 오렴."

엄마도 거들었어요.

"미안, 나 지금 게임하느라 바빠. 다음에 놀자."

하늘이는 보석이를 돌려보냈어요.

"보석이와는 유치원 때부터 단짝 친구였잖아. 요즘은 같이 노는 모습을 볼 수가 없네. 보석이가 많이 서운해하던데."

엄마가 걱정스러운 표정으로 말했어요.

하늘이는 학교에서 돌아오면 곧바로 컴퓨터를 켜서 게임을 하느라 보석이와 놀 틈이 없었어요. 며칠 전에 게임에서 만난 친구들과 같은 게임을 하면서, 서로 나이도 얼굴도 모르지만 점점 친해졌어요. 함께 게임을 하기도 하고, 댓글로 대화를 주고받다 보면 시간이 쏜살같이 흘러요.

이렇게 해 봐요!

　온라인 게임에서는 동시에 여러 친구와 함께 게임을 즐길 수 있어요. 게임을 하면서 댓글로 대화를 주고받거나, 전략을 세우기 위해 음성 통화도 할 수 있어요. 같은 게임을 좋아하고 즐기다 보니 말도 잘 통하고 마음도 척척 잘 맞지요. 그야말로 재미있고 신나는 세상이지요.

　그런데 게임에서 만난 친구와 너무 많은 시간을 보내는 것은 바람직하지 않아요. 나이도, 얼굴도 모르는 친구는 한순간의 인연일 뿐 진짜 내 옆에 오래 남는 친구가 아니랍니다. 게임에 너무 빠지면 운동량이 부족하거나 잠이 부족해서 건강을 해칠 수 있어요. 온라인 게임이나 오픈 채팅방에서 만난 잘 알지도 못하는 친구들 때문에 진짜 소중한 친구를 잃을 수 있다는 사실도 잊지 마세요. 아무리 온라인 속에 친구가 많아도 현실에서 함께하는 친구를 대신할 수 없어요.

온라인에서 친구를 사귀어 본 경험을 떠올려 봅시다.

온라인에서 친구를 사귄 적 있나요? 어떻게 관계를 유지했고, 진짜 친구와 어떤 점이 달랐는지 생각해 봅시다.

- 온라인 친구와 대화하면 재밌긴 하지만, 함께 놀러 갈 수 없어서 거리가 느껴졌어.
- 게임할 때는 재밌었지만, 직접 만나 보니 취향이 서로 달라서 어색했어.

되돌아보기

친구와 다툼이나 문제가 생겼을 때 어떻게 해결할지 잘 알아보았나요?
실생활에 어떻게 응용할 수 있는지 알아봅시다.

❶ 앞에 친한 친구 둘이 가는데, 무슨 얘기를 나누는지 가까이 다가가도 알아차리지 못했어요. 궁금해서 다가가 "뭔데. 나도 알려 줘."라고 했더니, 입을 꾹 다물었어요. 이럴 때 친구들에게 뭐라고 말하면 좋을까요?

❷ 어제 핸드폰을 새로 샀어요. 얼른 학교에 가서 친구들에게 자랑할 생각에 들떴지요. 그런데 반에 들어가자마자 친구가 울고 있는 모습이 보였어요. 아침에 학교에 오면서 핸드폰을 떨어트려 엄마한테 혼날까 하는 걱정 때문이었지요. 이럴 때 어떻게 해야 할까요?

❸ 용돈을 모아 꼭 갖고 싶던 볼펜을 색깔별로 사서 자랑했어요. 그런데 파란색 볼펜을 쓰려고 보니 한참을 찾아도 없었어요. 잠시 후 친구가 조심스레 다가오더니 볼펜을 돌려주며 사과했어요. 어떻게 대답해야 할까요?

❹ 카톡 단체 채팅방에 초대받아 들어갔더니, 반 친구들이 한 친구의 험담을 하고 있었어요. 선생님이 그 친구만 예뻐하는 것 같아 질투가 난 듯했지요. 친구의 엽기 사진과 별명을 올리면서 욕을 하고 있는데, 어떻게 해야 할까요?

❺ 온라인에서 사귄 친구와 카톡하는 데 푹 빠졌어요. 학교나 학원에 가서도 카톡 하느라 옆에 친구들이 무슨 말을 하는지 관심도 없었지요. 어느날 친구가 불러내더니 섭섭한 마음을 풀어놓았어요. 어떻게 해야 할까요?

마음 정리하기

친구와 다툼이나 문제가 생겼을 때 어떤 마음이 드나요?
스스로 마음을 정리해 적어 보고, 어떤 모습으로 바뀌면 좋을지 생각해 봅시다.

마음 적어 보기

- 나만 욕을 안 하면 친구들이 안 놀아 줄까 봐 걱정돼.
- 친구가 싫어하는 아이가 괜찮은 친구 같은데, 이렇게 말하면 배신자라 할까 봐 마음이 무거워.
- 폭력적인 아이를 말리고 싶은데, 괜히 나섰다가 다칠까 봐 무서워.
- 카톡 채팅방에 어떤 아이를 불러 놓고 친구들이 욕을 하는데, 함께 욕해야 동질감을 느낄 수 있을 것 같아.
- 인터넷에는 숙제도 없고, 잔소리도 없어서 즐거워. 시간 가는 줄 모르겠어.

마음 바꿔 보기

- 꼭 욕을 사용해야 대화가 통하는 건 아니니까 내가 쓰고 싶지 않다면, 굳이 쓰지 않을래.
- 친구도 그 아이의 다른 면을 보고 좋아하게 될지도 몰라.
- 가만히 있다가 내가 당할 때 아무도 도와주지 않을지 몰라. 친구들과 힘을 합쳐서 폭력을 쓰는 아이가 함부로 하지 못하게 해야겠어.
- 다른 사람을 험담하면서 쌓은 우정은 마음이 불편해. 이 친구들이 아니더라도 다른 친구들을 사귀면 돼.
- 컴퓨터 앞에 앉아 있는 게 즐겁긴 하지만, 친구와 뛰어놀 때도 재미있었어.

마음 적어 보기

마음 바꿔 보기

요즘에는 얼굴을 보고 사귀는 친구보다
온라인에서 만난 친구와 더 친하게 지내기도 해요.

온라인 속 친구들과는 어떻게 지내야 할까요?
함께 알아봅시다.

온라인 속 친구 대하는 법

카톡 오픈 채팅방은 무엇일까요?

학교가 끝나고 집에 오면 보라는 늘 혼자예요. 아빠와 엄마가 맞벌이라서 퇴근해서 돌아오실 때까지 혼자서 시간을 보내야 해요.

'송이에게 전화해서 수다라도 떨면 시간이 금방 갈 거야.'

보라는 단짝 송이의 전화번호를 꾹 눌렀어요. 한참 신호음이 이어지는데도 전화를 받지 않았어요.

'아차, 송이는 지금 미술 학원에 있을 시간이지. 깜빡했네!'

보라는 뒤늦게 송이가 미술 학원에 있을 시간이라는 점이 떠올라서 황급히 통화 종료 버튼을 눌렀어요. 보라는 이야기할 친구가 필요했어요. 스마트폰을 이용해 온라인 채팅방을 검색했어요. 수많은 오픈 채팅방 중에 '귀여운 강아지 사진 공유방'이 눈길을 사로잡았어요. 보라도 강아지를 키우고 싶은데 지금은 부모님의 반대 때문에 키울 수가 없거든요.

😊 어서 와, 반가워!

보라가 입장하자 채팅방 친구들이 반겨 주었어요.

이렇게 해 봐요!

온라인이 발달하면서 친구 사귀는 법도 다양해지고 있어요. 그중에서도 같은 취미나 취향을 공유하는 오픈 채팅방을 이용해 친구를 만들기도 한답니다. 오픈 채팅방이란 누구에게나 열려 있는 단체 대화방이에요. 일반 채팅방이 친구로 등록한 사람들과 이용하는 대화방이라면, 오픈 채팅방은 친구로 등록되어 있지 않더라도 누구나 참여할 수 있지요.

대부분 오픈 채팅방에 입장하기 전에 관심사를 검색한 후 참여해요. 관심사를 주제로 다양한 사람들과 이야기를 나눌 수 있지요. 일단 오픈 채팅방에 입장을 하면, 방장이 정해 놓은 규율을 지켜야 해요. 규율을 지키지 않으면 강제로 퇴장당할 수 있어요. 주제에 걸맞지 않거나 반말, 욕설, 비아냥거림, 모욕, 말다툼 등 심술궂은 말로 소란을 피우는 행동들 때문에 강제로 퇴장당할 수 있습니다.

오픈 채팅방에 들어갔던 경험을 떠올려 봅시다.

오픈 채팅방에 들어가 본 적 있나요? 어떤 관심사를 가지고 채팅방에서 대화했나요? 그때 경험을 기억해 봅시다.

- 공부를 알려 주는 오픈 채팅방에 들어가서, 함께 질문을 주고받으면서 문제 풀이를 하는 게 좋았어.
- 좋아하는 연예인에 대해서 실컷 얘기할 수 있어서 좋았어.

오픈 채팅방은
어떻게 만들까요?

찬희는 요즘 늘어나는 몸무게 때문에 걱정이에요.

'이러다가는 뚱보가 될 것 같아. 운동을 시작해야겠어. 하루에 1만 걸음 걷기부터 실천하자!'

목표를 정한 찬희는 저녁을 먹은 후 공원을 걷기 시작했어요. 그런데 혼자 같은 길을 걷다 보니 금세 싫증 났어요. 결국 목표보다 일찍 집으로 돌아와 침대 위에 벌러덩 눕고 말았어요.

'혼자서 운동하니까 재미도 없고, 지켜보는 사람이 없어서 목표를 달성하기 힘든 것 같아. 여럿이 함께 서로 격려해 주면 좋을 텐데….'

고민 끝에 찬희는 온라인 오픈 채팅방을 만들기로 했어요. [하루 1만 걸음 걷기 방]이라는 오픈 채팅방을 만들자 금방 사람들이 모였어요.

😊 학원 차를 안 타고 걸어갔더니 1만 걸음을 거뜬히 넘겼어요. 내일은 1만 5천 걸음에 도전하려고요!

찬희도 좋은 방법이라는 생각이 들었어요. 내일부터 학원 차를 이용하지 않고 걸어 다녀야겠다고 마음먹었어요.

이렇게 해 봐요!

　오픈 채팅방에서는 서로 모르는 사람들이 하나의 관심사를 주제로 모여 대화를 주고받아요. 일반 채팅방처럼 친구로 초대하지 않아도 누구나 채팅에 참여할 수 있어서 많이 이용하지요. 이야기를 나누고 싶은 주제가 있거나 함께하고 싶은 목표가 있다면, 찬희처럼 직접 오픈 채팅방을 만들어 방장이 되어 보세요.

　얼굴과 이름은 몰라도 같은 생각과 목표를 가진 사람들이 서로 경쟁하기도 하고, 격려하기도 하고, 유익한 정보도 주고받으면서 함께 실천해 가면 많은 의지가 될 거예요. 같은 관심사를 가진 사람끼리는 실제로 얼굴을 보지 않고도 친구가 될 수 있고, 쉽게 대화를 주고받을 수 있지요. 무엇보다도 나와 같은 생각과 목표를 가진 사람이 있다는 사실만으로도 큰 힘이 된답니다.

오픈 채팅방을 어떻게 이용할 수 있을까요?

목표를 이루거나, 정보를 공유하기 위해 오픈 채팅방에 들어가고는 하지요. 또 어떤 목적으로 오픈 채팅방을 이용할 수 있을까요?

- 친구들 몰래 이루고 싶은 목표가 있어서 오픈 채팅방을 이용했어.
- 만화 캐릭터를 좋아하는데, 친구들한테는 말하기 부끄러워서 오픈 채팅방에 들어갔어.

카톡 할 때 무엇을 주의해야 할까요?

슬기는 학교에서 돌아와 숙제하려고 책상 앞에 앉았어요. 마침 인스타그램에서 사귄 친구가 카톡으로 메시지를 보내왔어요.

💬 인스타그램에 새로 올린 사진에 댓글 달아 줘.

사진에 댓글을 달지 않으면 서운해할까 봐 슬기는 할 수 없이 사진을 구경한 뒤, 마음에도 없는 댓글을 달았어요. 온라인 친구는 떡볶이집에서 친구들과 함께 있는 사진을 또 올렸어요.

💬 지금 친구들하고 떡볶이집에 와 있어.

알지도 못하는 아이들의 얼굴을 보니 할 말이 없었어요. 슬기는 대충 댓글을 달았어요. 숙제를 해야 해서 대화를 끝내려 했지요. 그런데 분명히 숙제한다고 말했는데도 계속해서 사진을 봐 달라고 메시지를 보내왔어요. 슬기는 점점 짜증이 났어요.

> 이렇게 해 봐요!

　현실에서도 자기 할 말만 하고 내 말은 듣지 않는 친구를 보면 짜증이 납니다. 온라인에서도 마찬가지랍니다. 상대방의 기분이나 상황을 고려하지 않고 어디에서 누구와 무엇을 하고, 무엇을 먹는지, 어떤 옷을 입고 있는지 계속 사진과 문자를 보낸다면 일상생활에 방해가 돼요.

　반갑지 않은 문자나 사진에 마음에도 없는 댓글을 다는 것은 벌서는 기분일 거예요. 채팅할 때 어느 정도가 적절한지 판단해야 해요. 대화방에 똑같은 내용의 글을 계속 올리는 건 스팸 문자와 다를 바 없지요. 누구라도 같은 말을 여러 번 듣고 싶지 않을 테니까요. 그리고 여러 사람과 함께 있는 사진이나 동영상을 보낼 때는 더 주의해야 해요. 동의 없이 상대방의 얼굴을 촬영하거나 온라인에 올리면 사생활을 침범하는 피해를 끼칠 수 있습니다. 사진, 동영상을 보낼 때는 반드시 허락을 받아야 해요.

채팅방에서 대화할 때 나는 어떤지 생각해 볼까요?

채팅방에서 대화할 때는 나는 어떻게 대화하는 편인가요? 다른 친구들의 이야기를 잘 들어 주고 있는지 생각해 봅시다.

- 채팅방 내용을 살펴보니 내 할 말만 해서 친구들이 짜증났겠다.
- 밤낮으로 문자를 너무 자주 보내서 불편해하는 친구가 있었을 거야.

댓글이나 채팅으로 언어폭력을 할 수 있다고요?

복숭아처럼 통통한 볼, 솔방울을 올려놓은 것 같은 오뚝한 코, 잘 익은 딸기 같은 입술…. 하은이는 오늘따라 거울에 비친 자신의 모습이 예뻐 보였어요.
"찰칵!"
거울에 비친 자신의 모습을 직접 찍어서 인스타그램에 올렸어요. 사진을 올리자마자 하은이의 스마트폰에 불이 나기 시작했어요.

　😒 네 못생긴 얼굴 때문에 눈 썩었다.
　🤢 사진 내려라. 토 나온다!
　😒 찐찌버거 안 본 눈 삽니다.

댓글이 수도 없이 달리기 시작했어요. 그냥 말일 뿐인데 진짜 돌멩이로 얻어맞는 기분이었어요. 특히 모르는 사람이 쓴 '찐찌버거'라는 댓글을 봤을 때 하은이는 큰 충격을 받았어요. 찐찌버거는 찐따, 찌질이, 버러지, 거지를 합친 심한 말이기 때문이지요.

이렇게 해 봐요!

　최근 인터넷 온라인 공간에서 언어폭력이 크게 번지고 있어요. 서로 얼굴을 볼 수 없고 상대방의 고통을 눈으로 직접 확인할 수 없기 때문에 심한 욕설과 험담을 거침없이 내뱉기도 하지요. 자신이 누구인지 드러나지 않기 때문에 폭력을 당하는 사람에게 미안한 마음을 못 느낀다고 해요. 컴퓨터나 스마트폰 뒤에 숨어서 죄의식 없이 마음에 상처를 주지요.

　마음에 상처를 입으면 불안하고 우울한 감정에 사로잡히고, 기억력과 성적이 떨어질 확률이 높아집니다. 정신 건강에 빨간불이 켜지게 되지요. 게다가 잘 먹지도 못하고, 잘 자지 못해서 신체 건강까지 해칠 수도 있어요. 이처럼 욕설과 험담은 사람의 영혼과 육체를 파괴하는 행위입니다. 나쁜 마음으로 욕설이나 험담을 하는 악성 댓글은 '언어폭력'이며 '범죄'입니다. 상대방을 괴롭힐 목적으로 마음을 아프게 하는 말은 절대 하면 안 됩니다.

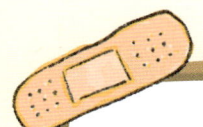

온라인에서 언어폭력을 경험한 적이 없는지 생각해 봅시다.

온라인 뉴스나 글을 볼 때, 누군가에게 상처 주는 댓글을 본 적이 있나요? 보면서 어떤 기분이 들었는지 떠올려 봅시다.

- 연예인에게 달린 안 좋은 댓글을 보니 나까지 기분이 안 좋아졌어.
- 어떤 사람의 글에 비난을 퍼붓는 걸 보니 그 사람이 속상할 것 같았어.

온라인에서 사귄 친구를 만날 때 왜 조심해야 할까요?

하늘이는 '야구를 사랑하는 사람들'이라는 오픈 채팅방에서 새로운 친구를 사귀었어요.

💬 이번 시즌에는 어느 팀이 이길 것 같아?
💬 라이언 팀이 승리하지 않을까?
💬 맞아. 라이언 팀이 꼭 승리했으면 좋겠어.

좋아하는 야구와 야구 팀 이야기를 할 수 있어서 좋았어요.

💬 토요일 날 만나서 같이 야구 할까? 야구 이야기도 실컷 하고 말이야.
💬 그래 좋아.

만나기로 약속을 정하고 전화번호를 주고받았어요. 채팅으로만 대화를 주고받다가 직접 만나게 된다니 심장이 두근두근 뛰었어요.

이렇게 해 보요!

온라인에서 말이 잘 통하고 믿을 만한 친구라고 생각하면 연락처를 주고받기도 하고 실제로 만나기도 합니다. 연락처를 주고받을 때 자세한 집 주소는 알려 주지 않는 것이 좋아요. 주민등록번호 같은 개인 정보는 두말할 필요도 없겠지요?

만나기 전에도 주의할 점이 있어요. 시간을 두고 상대방과 대화를 나누며 잘 알아본 다음 부모님과 의논하는 것이 좋아요. 이름, 나이, 학교, 성격 등 상대방에 대해 알고 있는 내용을 부모님께 이야기한 후 허락받고 만나세요. 온라인 친구를 실제로 만나기로 했다면, 되도록 혼자서 만나지 않습니다. 보호해 줄 수 있는 사람과 함께 나가는 것이 좋아요. 만약 혼자 나가고 싶다면, 만나는 장소와 시간을 부모님이나 주변 사람에게 알려야 해요. 만나는 장소로는 공원이나 분식집처럼 사람들이 많은 공공장소를 추천합니다.

온라인에서 사귄 친구를 직접 만나면 어떨까요?

온라인 친구를 실제로 만난 적이 있나요? 그럴 때 주의할 점으로 무엇이 있을지 생각해 봅시다.

- 온라인에서는 직접 보지 못하기 때문에 정보를 속였을 수도 있으니 주의해서 만나야겠다.
- 사람이 드문 곳으로 나를 데려가 위험한 행동을 하면 바로 빠져나와야겠어.

인스타그램에서
어떻게 말을 걸까요?

송이는 수줍음을 많이 타는 편이에요. 그래서 새로운 친구에게 먼저 말을 걸기가 쉽지 않아요. 새 학기가 시작된 지 일주일이 지났지만 친한 친구를 만들지 못했어요.

송이는 쑥스러움을 떨쳐 내고 새로운 친구를 만나 보자고 결심을 한 뒤 인스타그램을 켰어요. 온라인에서 친구 사귀는 연습을 해 보면 현실 세계에 많은 도움이 될 것 같았지요. 온라인에서 친구를 만드는 방법은 그다지 어렵지 않았어요. 먼저 인스타그램에서 마음에 드는 해시태그를 검색해서 둘러 본 후, 여러 게시물을 보면서 자신과 비슷한 관심을 가진 아이를 찾았어요.

😀 제가 직접 만든 피자 빵을 소개합니다.

먹음직스러워 보이는 피자 빵 사진과 함께 레시피를 소개한 게시물이 송이의 눈길을 사로잡았어요. 송이는 상대방의 아이디를 클릭하여 메시지를 보냈어요.

😊 안녕, 만나서 반가워. 나도 빵 만들기에 관심이 많은데 네가 올린 레시피대로 만들어 볼 생각이야. 좋은 정보 알려 줘서 고마워.

이렇게 해 봐요!

　인스타그램에서 친구를 만들려면 송이처럼 관심 있는 해시태그를 검색해 둘러본 후 관심사가 같은 사람을 찾아봐요. 그다음 메시지를 주고받거나 게시물에 댓글을 달아 대화를 주고받으세요.

　처음부터 너무 갑자기 친해지려는 마음이 앞서서 지나친 줄임말이나 은어, 초성 등을 사용해 말을 걸면 의사소통이 어려울 거예요. 욕설, 비속어를 사용해도 신중하지 않고 예의 없는 사람으로 보일 수 있지요. 자신을 장난으로 대하는 사람과 좋은 관계를 맺고 싶어 하는 사람은 없을 거예요. 처음부터 갑자기 친한 척을 하면서 다가간다면 가벼운 사람처럼 여겨져서 상대를 멀어지게 만들 수 있어요. 또 온라인 공간 안에서는 현실 세계와 마찬가지로 첫인사 때 좋은 인상을 심어 주는 게 중요합니다.

온라인에서 친구를 사귈 때 어떻게 말을 걸까요?

학교에서 친구한테 말을 거는 것처럼 온라인에서도 친구를 사귀려면 첫인사를 해야 해요. 어떤 인사가 좋을지 고민해 봅시다.

- 안녕, 같은 연예인을 좋아한다니 반갑다.
- 나도 가족과 제주도로 여행을 다녀온 적이 있어. 너는 제주도에서 뭐가 제일 좋았어?

카톡을 올바르게 이용하는 방법은 무엇일까요?

겨울 방학을 맞아 학교와 학원이 쉬었어요. 날이 추워 놀이터에 나가서 놀 수도 없고, 감기가 유행이라 친구들을 만날 수도 없었어요. 찬희는 오랫동안 친구들을 만나지 못하고 집 안에서만 보내야 했지요. 갑갑함을 달래기 위해 스마트폰을 켰어요.

찬희가 좋아하는 게임을 검색하자 오픈 채팅방이 떴어요. 아침인데도 오픈 채팅방에는 아이들이 와글와글 모여 있었어요. 찬희도 대화에 끼어들었어요.

😀 요즘 같은 때에 [파워 망치] 게임이 없었다면 어떻게 살았을까?
😀 아마도 지루해서 하루가 십 년 같을 거야.
😀 맞아, 맞아!

온라인 친구들과 수다를 떨다 보니 멈춘 것 같던 시간이 휘리릭 지나는 것 같았어요.

"징, 징, 징, 징…."

점심을 먹으려고 식탁에 앉았는데도 쉬지 않고 댓글 알림이 울렸어요. 찬희는 스마트폰을 보느라 숟가락을 들 수 없었어요.

이렇게 해 보요!

　온라인에서는 아무런 제약 없이 친구와 대화를 나눌 수 있어요. 거리가 멀든 가깝든, 밤이든 낮이든 괜찮아요. 세수하지 않아도 되고, 잠옷 차림이라도 상관이 없습니다. 게다가 한꺼번에 많은 사람과 대화를 나눌 수 있지요. 얼굴을 보지 않고 대화해서 마음을 먼저 나눌 수 있답니다.

　그러나 모든 일에는 장단점이 있어요. 시도 때도 없이 카톡방만 들여다 본다면 어떨까요? 알림음이 울릴 때마다 카톡방을 보면 공부나 일상생활에 방해가 됩니다. 수많은 사람과 시간을 보내면서 즐겁기도 하지만 너무 몰입하면 피곤하고 스트레스를 받을 수 있어요. 이럴 때는 스마트폰을 내려 두고 컴퓨터를 끈 다음 전자기기를 멀리 두세요. 가족과 이야기를 하거나 산책을 하면서 잃어버렸던 소중한 시간을 되찾기 바랍니다.

온라인 채팅방 때문에 피곤하다고 생각한 적이 없나요?

온라인 채팅방을 이용하다가 갑자기 피곤하다는 생각이 든 적 없나요? 어떤 순간에 그렇게 느꼈는지 생각해 봅시다.

- 온라인 친구가 시도 때도 없이 질문해서, 답을 하느라 힘들었어.
- 늦게까지 채팅을 하느라 잠을 제대로 못 자서 학교에서 졸았어.

인스타그램 속 친구의 모습이 모두 진짜일까요?

"띵동!"

저녁 식사로 라면을 먹고 있는데 스마트폰 알림음이 울렸어요. 보라는 라면을 먹으면서 스마트폰을 켰어요.

😋 지금 우리 가족은 레스토랑에서 저녁을 먹고 있어요.

슬기가 레스토랑에서 찍은 사진을 인스타그램에 올린 것이었어요. 사진에는 먹음직스러운 음식이 가득 차려져 있었어요.

😮 와, 최고급 식당인가 봐. 음식이 비싸 보여.
🙂 나도 가 보고 싶다.

수많은 댓글이 달리기 시작했어요. 사실 슬기는 심심해서 아이들의 관심을 끌기 위해 온라인에 떠돌아다니는 사진을 가져와서 올린 것이었어요. 아이들은 속은 줄도 모르고 슬기를 부러워했어요. 아이들의 반응에 신이 난 슬기는 인터넷에서 크고 멋진 집 사진을 골라서 또 게시물을 올렸어요.

😮 슬기네 집 부자인가 봐. 완전 부러워.

보라는 라면을 먹고 있는 자신이 초라하게 느껴졌어요.

이렇게 해 봐요!

　온라인에서는 실제 생활과는 전혀 다른 모습을 보여 주려고 노력하는 사람이 많아요. 좋은 옷, 좋은 음식, 행복한 모습을 보여서 많은 사람의 관심과 부러움을 사고 싶기 때문이지요. 화려하게 사는 것처럼 보이려 무리해서 비싼 옷을 사기도 하고, 값비싼 식당에서 밥을 먹으며 돈을 낭비하기도 합니다.

　슬기처럼 터무니없는 거짓말과 사진으로 사람들의 이목을 끌면 과연 친구가 많아질까요? 지나친 자기 자랑은 상대방과의 진실한 소통과 친밀한 관계 형성을 방해할 수 있어요. 거리감이 생겨서 가까워지기 어렵지요. 또 상대방은 나 빼고 모든 사람이 다 행복하게 사는 것 같다는 생각에 우울해질 수 있어요.

　온라인에서는 일일이 사실을 확인할 수 없기 때문에 상상의 세계를 진짜처럼 포장해서 내보내는 경우도 허다해요. 그러므로 온라인에서 보게 되는 상대방의 모습에 지나친 관심을 기울이면서 자신과 비교할 필요는 없답니다.

온라인 속 모습을 꾸미려고 해 본 적 없는지 떠올려 봅시다.

온라인 속에서 더 화려하고 행복해 보이려고 꾸민 적은 없나요? 왜 그런 행동을 하려고 했는지, 그때 반응이 어땠는지 생각해 봅시다.

- 인기를 얻고 싶어서 인터넷에서 찾은 사진을 올렸다가 창피를 당했어.
- 온라인에서 자랑하려고 부모님을 졸라서 옷을 샀는데 몇 번 입지 않았어. 돈만 낭비한 것 같아서 후회했어.

온라인 속 친구의 모습을 그대로 인정하면 어떨까요?

"늦잠꾸러기가 웬일이야. 오늘은 해가 서쪽에서 뜨겠네. 호호호."

평소와 달리 새벽에 일찍 일어나자마자 세수를 하는 동주를 보고 엄마가 놀렸어요. 하지만 동주의 귀에는 엄마의 말이 들어오지 않았어요. 온라인 채팅으로 사귄 친구와 만화 영화를 보러 가기로 해서 엄마의 말에 신경을 쓸 틈이 없었지요.

동주는 약속 시간에 맞춰 집을 나섰어요. 채팅으로 사귄 친구를 생각하니 구름 위를 걷는 것마냥 발걸음이 동동 떴어요. 채팅으로 사귄 친구는 동주를 좋아하는 것도 같고, 마음도 척척 잘 맞았어요. 멋진 남자아이와 하루종일 재미있게 놀 상상을 하는 것만으로도 동주의 입가에 웃음꽃이 피어났어요. 드디어 약속 장소에 도착했어요. 그런데 어떤 여자아이가 동주를 보자마자 아는 체를 했어요. 상상했던 친구의 모습과는 전혀 다른 모습에 놀라서 동주는 얼음이 되고 말았어요.

이렇게 해 봐요!

　온라인에서는 상대방의 모습을 볼 수 없기 때문에 자기 멋대로 상상하기가 쉬워요. 자기만의 착각에 빠져서 마음대로 상상하다가 실제로 만나면 온라인에서 느낀 것하고는 너무나 달라서 속았다는 기분이 들기도 하지요. 생각했던 것과 전혀 다른 모습이기도 하고, 채팅방에서는 활달하던 사람이 말도 못 하고 수줍어하는 모습에 당황하기도 합니다. 마치 오래된 친구처럼 마음을 나누던 사이인데 실제로 보면 전혀 다른 사람처럼 낯설게 느껴지기도 해요. 어렵게 만났지만 어색하게 헤어질 수도 있어요.
　'차라리 만나지 않았으면 좋았을 텐데….'
　깊게 사귄 온라인 친구와 만났을 때 내가 기대한 모습과 다르다면 실망감이 느껴지면서 후회가 밀려오기도 하지요. 온라인 친구를 실제로 만난다면 지나친 환상에 빠져서는 안 됩니다. 진정한 친구를 얻고 싶다면, 있는 그대로의 마음만을 봐 주세요.

온라인 친구를 실제로 만난다면 어떨까요?

온라인에서 사귄 친구를 실제로 만났을 때 어떨까요? 내 모습은 온라인 친구가 상상하는 그대로일지 되돌아봅시다.

- 온라인에서는 편하게 말하는데, 현실에선 자신이 없어서 걱정이야.
- 내가 온라인과 현실에서 모습이 다르듯 온라인 친구도 다를 수 있겠다.

인스타그램 속 모습을 꾸며 내면 행복할까요?

　보라는 학교에 가는 길에 비를 맞고 있는 길고양이를 만났어요. 길고양이에게 우산을 씌워 주고는 스마트폰을 꺼내서 사진을 찍었어요.

😊 오늘 아침 길고양이에게 우산을 양보했어요.

　온라인에 우산을 쓰고 있는 길고양이 사진과 함께 글을 올렸어요.

😢 보라님, 천사 아니에요?
🙂 보라님 등에 천사 날개가 달려 있을 것 같아요.
😊 보라님은 마음씨만큼이나 얼굴도 예쁠 것 같아요.

　폭풍 칭찬 댓글이 쏟아졌어요. 보라는 매우 흡족한 미소를 지으면서 고양이에게 씌워 주었던 우산을 다시 뺏어 쓰고 학교에 갔어요.

이렇게 해 봐요!

　온라인에서는 사실 확인이 안 된다는 점을 이용해서 거짓 이미지를 만드는 사람이 있어요. 자신이 원하는 이미지를 만들기 위해 삭제하고, 다시 쓰고, 포토샵을 통해 원래 모습과는 다르게 바꾸는 노력을 하지요.

　상대방의 관심을 끌기 위해 사실과 다르게 꾸미는 것은 좋지 않아요. 다른 사람들에게 '좋아요'를 받기 위해 외모, 성적, 주변 환경 등을 끊임없이 꾸며 낸다고 생각해 보세요. 진짜 내 모습과 거짓 이미지의 차이 때문에 혼란스러워질 뿐만 아니라 진짜 내 모습을 잃어버릴지도 모릅니다. 관심을 받기 위해 계속해서 사진을 올리고, 어떤 반응이 올지 불안해하고…. 이러한 행동이 반복되면 계속 불안해하는 불안 중독이라는 병에 걸리기 쉬워요. 아무리 주의를 기울여도 거짓은 언젠가는 들통납니다. 진실해야지만 관계를 지속할 수 있어요. 가면 뒤에 숨지 말고 당당하게 자신의 모습을 드러내기 바라요.

온라인에서 모습이 다른 친구가 있나요?

학교에서 사귄 친구가 인스타그램에서는 전혀 다른 모습인 걸 본 적 있나요? 그때 어떤 생각이 들었는지 떠올려 봅시다.

- 내가 알던 모습과 전혀 다른 친구의 모습에 당황스러웠어.
- 어떤 게 친구의 진짜 모습인지 혼란스러워서 믿음이 가지 않았어.

인스타그램 속 친구와 나를 비교해 본 적 있나요?

찬희네 가족은 일요일을 집 안에서 보내고 있었어요.

"드르렁, 드르렁!"

엄마는 침대에서, 아빠는 소파에서 코를 골며 자고 있었어요. 다른 친구들은 일요일을 어떻게 보내고 있는지 궁금해서 스마트폰을 켰어요.

인스타그램에는 놀이공원에서 김밥을 맛있게 먹고 있는 사진, 물놀이를 하며 신나게 놀고 있는 사진, 영화관에서 팝콘을 먹으며 영화 시작을 기다리고 있는 가족사진이 가득했지요. 찬희는 기운이 쪽 빠졌어요. 찬희만 빼고 모두가 즐거운 시간을 보내고 있는 것만 같았어요.

'다들 즐거운 일요일을 보내고 있는데 난 이게 뭐지?'

찬희는 세상모르게 쿨쿨 잠만 자는 엄마 아빠가 미워 보였어요.

이렇게 해 봐요!

　온라인으로 친구가 어떻게 지내는지 엿보기 좋습니다. 하지만 지나친 관심을 기울이는 것은 바람직하지 않아요. 온라인에서는 진짜인지 가짜인지 구분이 쉽지 않아서 부풀리거나 포장한 내용이 흘러넘치기 때문이지요.

　사진을 찍을 때는 누구나 웃는 표정을 짓기 때문에 사진 속 사람들이 실제로 즐거운 시간을 보냈는지 알 수 없어요. 오히려 집에 있는 것만 못한 하루를 보냈을지도 모르지요. 온라인 속 친구들이 잘 먹고, 잘 입고, 잘 사는 것처럼 보인다고 해서 비교하거나 불안해할 필요는 없어요. 부풀린 것일 수도 있으니까요. 과장된 타인의 모습을 부러워할수록 행복감은 낮아집니다. 비참하고, 우울하고, 외로운 기분이 든다면 온라인 안에서 너무 많은 시간을 보내지 않는 것이 바람직합니다. 내 시간을 더 의미 있게 보낼 방법을 찾아보는 건 어떨까요?

온라인 속 친구의 모습을 보고 우울했던 적이 없었나요?

친구가 온라인에 올린 사진이나 글을 보면서 우울했던 적이 있나요? 반대로 내가 올린 사진이나 글 때문에 그렇게 느낀 친구들은 없을지 생각해 봅시다.

- 주말에 집에 있는데 친구가 여행 사진을 잔뜩 올려서 우울해졌어.
- 내가 놀러 간 사진을 올렸을 때, 친구가 자기는 심심해 죽겠다며 속상해 했었어.

온라인에서 진짜 내 모습을 좋아하는 친구를 찾아볼까요?

새 학기가 시작된 지 일주일이 지났는데도 보석이는 친구를 사귀지 못했어요. 마음에 드는 아이가 있지만 먼저 다가갔다가 거절당할까 봐 망설이고 있어요. '나는 못생긴 얼굴에 키도 작은 데다가 공부도, 운동도 못 하고…' 한숨만 푹푹 내쉬었어요. 이러다가 외톨이가 될까 봐 불안하기까지 했어요.

보석이는 외로움을 달래기 위해 집에 돌아오면 오픈 채팅방에서 친구를 사귀었어요. 순식간에 많은 친구를 사귈 수 있었지요. 이런저런 이야기를 나누면서 금세 친해질 수 있었어요.

온라인에서는 얼굴이 잘생겼는지 못생겼는지, 키가 큰지 작은지, 공부를 잘하는지 못하는지 상대방이 알지 못하기 때문에 보석이는 잘생긴 척, 키가 큰 척, 공부를 잘하는 척, 운동을 잘하는 것처럼 맘껏 꾸며 댈 수 있었어요.

😢 와, 부러워요. 다시 태어나면 보석님처럼 태어나고 싶어요!

공부도 잘하고 운동도 잘한다고 자랑하자 부러워하는 사람이 점점 늘어났어요. 그런데 보석이는 이상하게도 그런 댓글을 볼 때마다 가시에 찔린 것처럼 가슴이 따끔따끔했어요.

이렇게 해 봐요!

어린 시절에는 자신의 모습에 만족하지 못하고 더 멋진 외모, 공부 1등, 운동 1등처럼 모든 면에서 뛰어난 존재가 되고 싶어 합니다. 그러다 보니 만족스럽지 않은 자신의 진짜 모습을 감추고 싶어 하지요. 온라인 세계에서는 얼마든지 자기 자신을 포장할 수 있어 자신을 포장해서 보여 주는 사람이 많아요.

하지만 거짓은 언젠가 들통나기 마련이에요. 보석이가 부러움이 담긴 댓글을 보면서 가슴이 따끔거렸던 이유는 진짜 모습을 들킬까 봐 두려운 마음 때문이었을지도 몰라요. 몸에 맞지 않는 옷을 입는다면 어떨까요? 몹시 어색하고 불편할 거예요. 거짓된 모습은 자신에게 잘 맞지 않은 옷을 입은 것과 같습니다. 친구 수를 늘리려고 자신을 꾸밀 필요는 없어요. 진실한 친구를 만드는 것이 훨씬 더 중요하니까요. 조금은 부족하더라도 자신의 원래 모습을 보여 주기 바라요. 분명히 좋아해 주는 친구를 만날 수 있을 거예요.

온라인 속 모습을 속여서 불편했던 적이 없나요?

온라인 속 모습을 꾸며 올리느라 마음이 불편했던 적이 있나요? 왜 마음이 불편했는지 떠올려 봅시다.

- 온라인에서 운동을 잘하는 척했는데, 실제로 만나기로 하는 바람에 걱정이 됐어.
- 공부를 잘하는 척했는데 실제로 아는 친구가 있을까 봐 조마조마했어.

카톡이나 인스타그램에 빠져 중요한 일을 놓친 적 있나요?

슬기는 아침에 눈을 뜨자마자 스마트폰을 확인했어요. 잠들어 있는 동안 단체 채팅방에서 새로운 소식은 없는지, 늦은 시간까지 아이들이 무슨 이야기를 나누었는지 궁금했어요.

💬 나는 방금 일어났어. 지금 일어나 있는 사람 있어?
💬 나는 한 시간 전에 일어나서 씻고, 밥 먹고, 학교에 갈 준비 끝냈다.
💬 와, 부지런하다. 나는 이제 세수하러 욕실에 들어왔어.

댓글과 함께 슬기는 욕실 사진을 올렸어요. 세수와 이를 닦으면서도 댓글을 달았어요.

💬 오늘 아침은 엄마가 치즈를 듬뿍 넣은 계란말이를 만들어 주셨어. 맛있겠지?

슬기는 계란말이 사진을 찍어서 채팅방에 올렸어요.

💬 오늘은 무슨 옷을 입을지 고민하는 중이야.

슬기는 침대 위에 펼쳐 놓은 원피스와 청바지, 스웨터 사진을 찍어서 채팅방에 올렸어요. 그러느라 학교에 지각하고 말았어요.

> 이렇게 해 보요!

눈을 뜨자마자 채팅방을 확인하고, 사소한 일 하나하나 사진을 찍어서 올리고, 계속 다른 친구의 인스타그램을 확인하면서 불안해할 때가 있을 거예요. 또 해야 할 일에 집중하지 못하고, 하루 중에서 상당한 시간을 온라인을 하는 데 사용한다면 온라인 중독이 아닌지 의심해 봐야 해요. 카톡이나 인스타그램에서 헤어나오지 못한다면, 꼭 해야 할 일을 놓칠 수도 있어요. 온라인에 중독되면 일상생활을 제대로 보내기 어렵지요.

온라인에 중독되지 않으려면 시간을 정해서 스마트폰을 이용하거나 댓글 알림을 끄는 것이 좋아요. 알림이 울리면 확인하고 싶은 유혹에서 벗어나기 어렵기 때문이지요. 온라인 세계에서 빠져나와 친구나 가족들과 같이 취미 활동을 즐기거나 얘기하며 시간을 보내 보세요.

인스타그램에 집착하는 친구를 보면 어떤 생각이 드나요?

밥을 먹을 때마다 사진을 찍고, 인스타그램 댓글만 확인하는 친구를 보면 어떤 생각이 드는지 기억해 봅시다.

- 함께 식사하는데 앞에서 사진만 찍는 친구 때문에 불편했어.
- 친구가 댓글을 확인하느라 대화가 자꾸 끊겨서 짜증났어.

카톡으로 사진을 보낼 때 어떤 점을 조심해야 할까요?

송이는 집에 돌아오자마자 오픈 채팅방에 들어갔어요.

💬 방금 학교에서 돌아왔어.

채팅방에 글을 올렸어요.

💬 나도 방금 집에 도착했어.

1초도 안 되어 채팅방의 다른 친구에게 답장이 왔어요.

💬 오늘은 무슨 옷을 입고 학교에 갔니?
💬 치마를 입었는데 길이가 짧아서 불편했어.
💬 그래? 말로만 들어서는 얼마나 불편했을지 짐작이 안 가네. 치마 입은 사진 좀 찍어서 보내 봐. 다리도 나오게 찍어 줘. 그래야 치마 길이를 가늠할 수 있을 것 같아.

송이는 채팅방 속 친구에게 사진을 찍어서 보내기 위해 카메라를 켰어요.

이렇게 해 봐요!

　온라인에서 만난 친구는 얼굴을 직접 보지 않고 댓글이나 채팅만 주고받기 때문에 남자가 여자인 척할 수도 있어요. 심지어 남자 어른이 또래 여자아이처럼 행세해도 아무도 모르지요. 그렇기 때문에 송이처럼 상대방에게 몸 사진을 전송하는 것은 신중하게 생각해야 해요. 다리와 같은 특정한 부위를 찍어 보내서는 절대 안 되지요.

　전화 통화를 했는데 또래 친구가 확실하다고요? '음성 변조' 앱을 사용하면, 남자 어른도 감쪽같이 여자아이로 변신할 수 있답니다. 무턱대고 친구 추가하는 것을 자제하고, 친구를 고를 때는 너무 서두르지 말고 댓글이나 게시글을 보면서 신중히 골라야 해요. 만약에 문제가 발생하면 신속하게 부모님이나 선생님처럼 믿을 만한 어른들에게 도움을 요청하기 바라요.

온라인 속 친구가 생각과 달라서 놀랐던 경험이 없나요?

열심히 채팅을 나누면서 여자인 줄 알았는데, 남자였던 경험이 있나요? 온라인에서 사귄 친구가 나를 속여서 놀란 적이 있는지 생각해 봅시다.

- 마음이 잘 맞는 여자친구라고 생각했는데, 알고 보니 남자 어른이라서 깜짝 놀랐어.
- 게임에서 사귄 친구가 알고 보니 어린 친구여서 당황했어.

친구에게 개인 정보를
알려 줘도 괜찮을까요?

"동주야, 내 아이디와 비밀번호 알려 줄게. 나 대신 게임 레벨 좀 올려 줘."

푸름이는 동주를 졸랐어요. 게임을 시작한 지 얼마 되지 않은 푸름이와는 달리 동주는 반에서 게임 레벨이 가장 높았어요. 푸름이는 하루빨리 게임 레벨을 올리고 싶은 마음에 온종일 동주 뒤꽁무니를 졸졸 따라다녔어요.

"알았어. 게임 아이디랑 비밀번호 문자로 보내 줘."

마침내 동주가 허락했어요. 게임 아이디와 비밀번호를 동주에게 보낸 뒤 푸름이는 학원에 갔어요. 집에 돌아와 저녁을 먹은 후 컴퓨터를 켰어요. 동주가 게임 레벨을 얼마나 많이 올려놓았을지, 좋은 아이템을 얼마나 많이 획득했을지 마음이 설레었어요. 그런데 게임에 로그인하자 '입장 불가'라는 안내문이 나타났어요. 자세한 내용을 알아보기 위해 푸름이는 동주에게 전화를 걸었어요.

"그게 말이야…. 게임을 하다가 상대방이 하도 약을 올리잖아. 그래서 나도 모르게 욕을 했는데 신고가 되어서 운영자가 계정을 정지했어…."

미안한지 동주가 개미 소리처럼 작은 목소리로 우물쭈물 대답했어요.

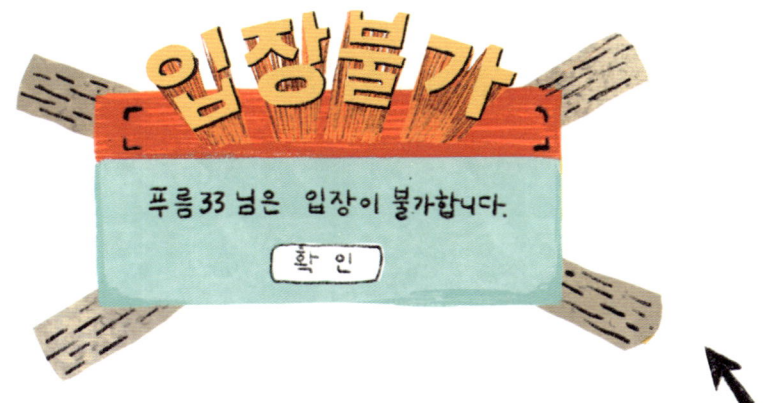

이렇게 해 봐요!

　게임뿐만 아니라 단체 채팅방처럼 온라인 사이트에 가입하려면 계정부터 만들어야 해요. 이름, 사는 곳, 생년월일 등 개인 정보를 입력해 아이디(ID)를 만드는 것이지요. 계정을 만들 때는 사용자의 이름과 비밀번호를 반드시 설정해야 해요. 사용자의 이름은 해당 사이트에서 여러분이 누구인지 알게 해 주지요. 비밀번호는 다른 사람이 여러분인 척 사이트를 이용하는 것을 막아 주는 역할을 해요.

　이용하고 싶은 사이트에 계정을 만들면, 아이디와 비밀번호를 입력해 입장할 수 있지요. 그래서 남에게 아이디와 비밀번호를 주고 게임을 대신하게 하는 건 내 행세를 시킨 것과 같아요. 친구들에게 아이디와 비밀번호는 되도록 알리지 않는 것이 좋아요. 나쁜 사람의 손에 넘어간다면 매우 위험한 상황에 빠질 수 있어요. 주변에 알려졌다면 신속하게 바꾸는 것이 좋아요.

친구에게 개인 정보를 알려 주면 어떤 일이 벌어질까요?

친구에게 개인 정보를 알려 줘서 곤란했던 적 없나요? 개인 정보를 알려 줬을 때 어떤 일이 벌어질 수 있는지 생각해 봅시다.

- 내 아이디와 비밀번호를 가지고 나쁜 댓글을 달고 다녀서 곤란했어.
- 주소를 알려 줬더니 갑자기 친구가 찾아와서 당황스러웠어.

온라인 속 친구에게 비밀을
쉽게 털어놔도 괜찮을까요?

😢 우리 엄마 아빠는 하루도 빠짐없이 다퉈. 곧 이혼할지도 몰라.

은결이는 채팅방에서 만난 친구에게 자신의 비밀을 털어놓았어요. 은결이의 마음은 버려진 휴지처럼 구겨진 상태였지요.

😊 그렇구나. 마음이 아프겠다.

은결이는 지금까지 채팅방 친구를 단짝이라고 생각해서 속마음을 다 털어놓았어요. 그런데 채팅방 친구는 은결이의 이야기만 들어줄 뿐 자기 이야기는 눈곱만큼도 하지 않았어요. 서운하기도 하고 혼자만 약점을 들킨 것만 같았어요.

😢 나는 네가 단짝 친구라고 생각해서 비밀을 몽땅 다 털어놓았어. 하지만 너는 비밀에 대해서는 한마디도 하지 않는구나. 친한 친구라면 비밀이 없는 것 아니야? 나를 친구로 생각하긴 하는 거니? 정말 서운하다.

서운한 마음에 은결이는 채팅방 친구에게 문자를 보냈어요. 그러자 친구가 나를 차단했어요.

이렇게 해 봐요!

아무리 친한 사이일지라도 자기 집 현관 비밀번호를 알려 주는 경우는 극히 드물지요. 비밀을 말하는 것은 현관 비밀번호를 알려 주는 것과 같아요. 비밀을 알게 된 친구가 멋대로 내 마음에 들어와 마구 헤집고 다닐 수 있기 때문입니다. 온라인에서 사귄 친구에게 비밀을 말하는 건 더욱 위험할 수도 있어요. 내 비밀이 약점이 되어 나를 괴롭힐 수 있답니다. 비밀을 내뱉는 건 아주 신중해야 하는 일이지요.

친구가 자신의 비밀을 말하지 않아 아무리 서운하고 궁금해도 비밀을 캐묻지 마세요. 친구가 말해 줄 때까지 묵묵히 기다려 주세요. 누군가 말하고 싶지 않은 비밀을 알려 달라고 졸라 대면 부담스럽다고 느낄 수도 있어요.

온라인 속 친구에게 비밀을 알려 준 경험을 떠올려 봅시다.

바로 옆에 있는 친구에게는 말하지 못한 비밀을 온라인 친구에게 털어놓은 적이 있나요? 왜 그랬는지 생각해 봅시다.

- 오히려 내 얼굴을 모르는 친구에게 비밀을 말하는 게 비밀이 잘 지켜질 것 같았어.
- 마음이 잘 통하는 온라인 친구라 믿을 만하다는 생각이 들었어.

컴퓨터 게임에 너무 빠져 있으면 왜 위험할까요?

"타다다다!"

월요일 아침. 동주는 눈을 뜨자마자 컴퓨터를 켠 뒤 게임을 시작했어요. 벌써 두 시간째 게임을 하고 있어요. 학교에 가야 할 시간인데도 동주를 비롯한 아이들은 게임을 하느라 혼이 빠졌어요.

🙂 슈퍼 코딱지라서 코딱지 파먹고 살지? 네 입에서 코딱지 냄새 나.
😠 똥 지옥에나 떨어져라!

동주는 게임을 하면서 자신도 모르게 욕이 튀어나왔어요. 동주뿐만 아니라 함께 게임을 하는 아이들도 서로서로 욕을 주고받았어요. 욕을 하니까 더욱 친근감이 느껴지면서 게임이 재미있었어요. 욕이 입에 착착 감겼어요. 부모님도 먼저 출근을 하자 동주는 학교에 가는 것도 잊고 게임에 빠졌어요.

이렇게 해 봐요!

　요즘은 게임을 많이 해요. 게임에 빠지면 학교와 현실 친구마저 멀리한다고 해요. 학교에서도 친구들과 어울리지 못하고, 부리나케 집으로 달려와 컴퓨터만 한다고 해요. 자꾸만 게임이 생각나서 잠도 잘 못 자고요.

　게임을 하면서 욕을 자주 사용하다 보니 습관이 들어서 일상생활 속에서도 서슴지 않고 욕을 내뱉지요. 심지어 사람들이 모여 있는 공공장소에서 큰소리로 욕을 하는 아이들도 흔하게 볼 수 있어요. 무럭무럭 자라야 할 나이에 게임에 빠져서 잠도 잘 자지 않고, 밥 먹는 것도 잊어요. 밖에 나가서 놀지도 않고 매일 구부정하게 컴퓨터 앞에 앉아 게임을 하지요. 이런 친구에게는 어떤 미래가 펼쳐질까요? 친구들과 즐거운 시간을 보내고 싶다면 운동, 공부, 놀이, 취미, 독서 등을 함께해 보세요. 게임에서 느낄 수 없었던 즐거움을 맛볼 수 있을 거예요.

온라인이나 핸드폰 게임에 빠진 경험을 떠올려 봅시다.

온라인이나 핸드폰 게임에 빠져 현실에서 피해를 입은 경험이 있나요? 그때 기분이 어땠는지 생각해 봅시다.

- 컴퓨터 게임에 빠져서 숙제를 못 하는 바람에 학원 선생님에게 혼이 났었어.
- 스마트폰 게임을 하면서 걸어가다가 돌부리에 발이 걸려 넘어져 다치고 말았어.

되돌아보기

카톡이나 인스타그램처럼 온라인에서 친구를 사귀는 법을 잘 알아봤나요? 실생활에 어떻게 응용할 수 있는지 되돌아봅시다.

❶ 주위 친구들은 내가 좋아하는 아이돌 가수에게 관심이 없어서 답답해요. 아이돌 가수가 부른 노래나 출연하는 방송에 대해서 함께 이야기할 수 있는 친구를 사귀고 싶은데, 어떻게 하면 좋을까요?

❷ 오픈 채팅방에서 만난 친구에게 새로 산 목걸이를 자랑했어요. 친구가 직접 찬 모습이 궁금하다며 목걸이를 한 사진을 보내 달라고 하면 어떻게 말해야 할까요?

❸ 주말에 집에서 낮잠을 자다가 잠깐 인스타그램을 켰어요. 친구가 멋진 곳에서 재미난 자세를 취하고 찍은 사진을 잔뜩 올려놨지요. 문득 부스스한 내 모습을 누가 본 것 마냥 창피하게 느껴진다면, 어떤 행동을 하면 좋을까요?

❹ 친구가 인스타그램에 매일 사진을 올리고 댓글을 달고 있어요. 나와 함께 있는 데도 인스타그램만 지켜보는 친구에게 무슨 말을 건네면 좋을까요?

❺ 인스타그램에서 사귄 친구가 만나고 싶다는 메시지를 보내왔어요. 사는 곳과 연락처 등을 알려 달라고 계속 조르는 친구에게 뭐라고 말해야 할까요?

마음 정리하기

온라인에서 사귄 친구에게 어떤 마음이 드나요?
스스로 마음을 정리해 적어 보고, 어떤 모습으로 바뀌어야 할지 생각해 봅시다.

마음 적어 보기

- 온라인 친구에게는 모든 걸 말해도 괜찮을 것 같아.
- 다른 친구의 사진 한 장을 몰래 올려도 아무 일 없을 거야.
- 그냥 다리 사진일 뿐인데 얼마든지 친구에게 보낼 수 있지, 뭐.
- 온라인에서는 어차피 날 아무도 모르는데, 꾸며 내면 좀 어때.
- 게임에서 알게 된 친구를 만난다는 사실을, 엄마한테 말하면 혼날 것 같으니 비밀로 해야지.

마음 바꿔 보기

- 친구가 진짜 믿을 만한 사람인지 확인해야 해. 내 비밀을 여기저기 퍼뜨릴 수도 있어.
- 친구의 사진을 모르는 사람들이 악용할 수도 있으니 함부로 올리면 안 돼.
- 나중에 이 사진으로 날 협박한다면 어떻게 해야 할까?
- 온라인 속 모습이 현실 속 내 모습과 크게 다르면 혼란스러워할 거야.
- 무슨 일이 생길지 모르니 솔직하게 말씀드리고 온라인에서 사귄 친구를 만나야겠어.

마음 적어 보기

마음 바꿔 보기

내 마음을 알아주는
좋은 친구 만들기

카톡, 인스타그램, 학교에서 친구와 사이좋게 지내는 법

1판 2쇄 펴낸 날 2022년 4월 15일

지은이 조경희
그 림 박 현

펴낸이 박윤태
펴낸곳 보누스
등 록 2001년 8월 17일 제313-2002-179호
주 소 서울시 마포구 동교로12안길 31 보누스 4층
전 화 02-333-3114
팩 스 02-3143-3254
이메일 viking@bonusbook.co.kr
블로그 http://blog.naver.com/vikingbook

ISBN 978-89-6494-487-5 73810

ⓒ 조경희, 2021

이 책은 저작권법에 의해 보호를 받는 저작물이므로 무단전재와 무단복제를 금합니다. 이 책에 수록된 내용의 전부 또는 일부를 재사용하려면 반드시 지은이와 보누스출판사 양측의 서면동의를 받아야 합니다.

바이킹은 보누스출판사의 어린이책 브랜드입니다.

· 책값은 뒤표지에 있습니다.

초등학생을 위한 탐구활동 교과서

교과서 잡는 바이킹 시리즈

교과서가 재밌어진다! 공부가 쉬워진다!

 초등 교과 연계 도서
 초등학생 필독서
 어린이 베스트셀러

초등학생을 위한 개념 경제 150
박효연 지음 | 구연산 그림

초등학생을 위한 개념 과학 150
정윤선 지음 | 정주현 감수

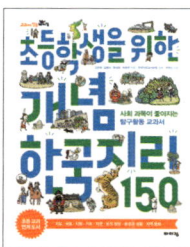

초등학생을 위한 개념 한국지리 150
고은애 외 지음
전국지리교사모임 감수

초등학생을 위한 개념 국어 : 고사성어
최지희 지음 | 김도연 그림

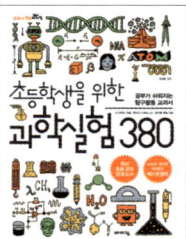

초등학생을 위한 과학실험 380
E. 리처드 처칠 외 지음
천성훈 감수

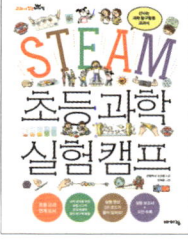

STEAM 초등 과학 실험 캠프
조건호 지음 | 민재회 그림

초등학생을 위한 수학실험 365 1학기
수학교육학회연구부 지음
천성훈 감수

초등학생을 위한 수학실험 365 2학기
수학교육학회연구부 지음
천성훈 감수

초등학생을 위한 요리 과학실험 365
주부와 생활사 지음 | 천성훈 감수

초등학생을 위한 요리 과학실험실
정주현, 달달샘 김해진 감수

초등학생을 위한 자연과학 365 1학기
자연사학회연합 지음 | 정주현 감수

초등학생을 위한 자연과학 365 2학기
자연사학회연합 지음 | 정주현 감수

멘사 어린이 시리즈

멘사코리아 감수

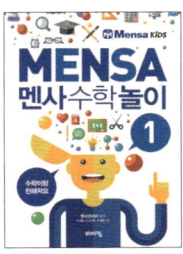

멘사 수학 놀이 1 : 수학이랑 친해져요
해럴드 게일 외 지음 | 멘사코리아 감수

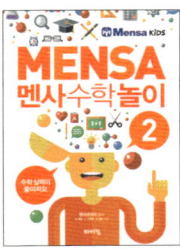

멘사 수학 놀이 2 : 수학 실력이 좋아져요
해럴드 게일 외 지음 | 멘사코리아 감수

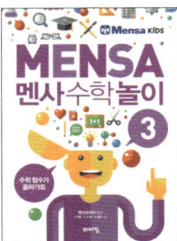

멘사 수학 놀이 3 : 수학 점수가 올라가요
해럴드 게일 외 지음 | 멘사코리아 감수

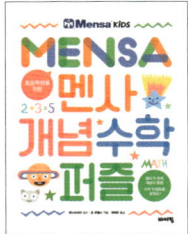

멘사 개념 수학 퍼즐
존 브렘너 지음 | 멘사코리아 감수

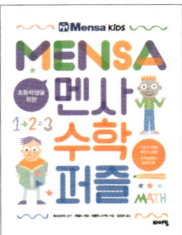

멘사 수학 퍼즐
해럴드 게일 외 지음 | 멘사코리아 감수

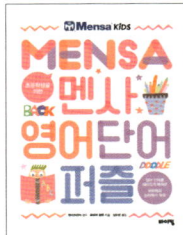

멘사 영어 단어 퍼즐
로버트 앨런 지음 | 멘사코리아 감수

멘사 추리 퍼즐
로버트 앨런 지음 | 멘사코리아 감수

멘사 미로 찾기 : 머리가 똑똑! 집중력이 쑥쑥!
브리티시 멘사 지음 | 멘사코리아 감수

초등학생을 위한 인도수학 시리즈

계산이 빨라지는 인도 베다수학
마키노 다케후미 지음 | 고선윤 옮김

도형이 쉬워지는 인도 베다수학
마키노 다케후미 지음 | 고선윤 옮김

암산이 빨라지는 인도 베다수학
인도수학연구회 지음 | 라니 산쿠 감수